本書の内容は、
株式会社良品計画の
金井政明が構成しました

はじめに

人と社会の「役に立つ」ということ

株式会社良品計画　代表取締役会長　金井政明

無印良品は一九八〇年、株式会社西友のプライベートブランドとして、食品を中心に四〇アイテムからスタートしました。小売業がつくった商品ですが、当時の西友、そしてセゾングループの総帥《そうすい》であった堤清二さん自らが「これは反体制商品だ」と表現したように、自己否定をするような概念に基づくものでした。

高度経済成長の終わり、七〇年代の二度のオイルショックによる節約志向といった経済環境の変化もありましたが、何よりも資本の論理が繰り広げる過剰な消費社会に対して、人間の論理からもう一度、商品を徹底的に見つめ直す試みでした。

この議論や作業には、彼の周辺に集っていた当時の日本を代表するクリエイターたちが積極的に参画し、商品発想、パッケージデザイン、売場デザイン、ポスター、広告までもがすべて一貫した思想のもとに形づくられました。

それから四〇年近く経ち、無印良品はシンプル、ナチュラル、ベーシックといったイメージや評価をよくいただくようになりました。二〇一七年度が終わった今、無印良品の店舗網は世界の二八の国や地域にまで拡がり、世界の店舗数は八七六店舗となりました。連結売上高三七八八億円、連結営業利益四五二億円という規模に成長しています。

そして今、私たちは戦略ではなく、大戦略を持っています。

その大戦略とは「役に立つ」です。

意外に思う人もいるかもしれませんが、この「大戦略」を、良品計画という会社の一番上のほうに据えています。

商品のデザインも名前も、使っていただく人のお節介にならないように注意しながら、それを手にする人のくらしに役立つことを目指しています。もし商品やサービスの人気が出たり、売上高があがったりしたとしても、それはあくまで「役に立ったことの結果」です。

最近、社外の人から、なぜ良品計画は多角化を進めるのですかと聞かれることが増えてきました。

多角化という言葉はたとえば、成田国際空港の第3旅客ターミナルや二〇一八年に完成する京阪枚方市駅のリニューアルなど公共の場のデザインに関わること、二〇一八年から順次、深圳、北京、そして銀座に「MUJI HOTEL」がオープンすること、千葉県の鴨川で取り組んでいる里山トラスト、東京・有楽町の店舗で始めた青果売場などを指すのでしょう。

でも私は、良品計画のこうした取り組みを多角化だとは思っていません。ぜんぶ、良品計画の仕事の範囲内だと考えています。無印良品の概念は小売業という概念よりも、もっと広いものだと感じています。それは、市民からの生活運動のようなものとでも言えばよいのか、うまく表現できませんが、無印良品の持つ答えのない思想性のようなものが、そう思わせているのでしょうか。

そしてそこには〝役に立つ〟という一本の柱が通っています。

私は一九九三年に良品計画に移り、その後は主に生活雑貨の企画に関わってきました。社長になったのは二〇〇八年、会長になったのは二〇一五年です。その間ずっと、何が無印良品なんだろうと考えてきました。それは今も続いています。

重ねてきた考えは、これだという言葉に結実したものもあれば、思考のまま、頭や心の中に漂っているものもあります。

この本には、良品計画の社内ですでに共有されているものに加えて、立ち上げに向けて議論に参加していただいた人々や、セゾングループの総帥であった堤清二さん、ファウンダーでありその後も無印良品の一貫性や思想性を助言してくださった田中一光《いっこう》さんを中心としたアドバイザリーボードメンバーの思考や言葉、裏話などもそのまま綴りました。良品計画のスタッフはもちろん、これからのビジネスや社会のあり方について考える人に伝えたいことを「思考」「言葉」という切り口から述べています。

私たちの会社の名前は良品計画で、無印良品という思想を商品やサービスの形にして商いをしています。無印良品という言葉は、〝感じ良い社会〟を目指して歩いていく私たちのプロセスを含めた行動のすべてを表しています。その無印良品は、私たちが「無印良品をつくろう」と狙って生み出せるものではなく、生活を感じ良くするために選んだ行いの結果です。泉から水が湧き出るように、花が暖かさにほころぶように「生まれてくる」ものです。本書のタイトルが「生み出す」ではなく、「生まれる」になっているのもそのためです。

こういった話を、私は社内の会議ではよくするのですが、あまり外向きには発信してきませんでした。

しかし、たとえばホテルや里山への取り組みについての質問に真摯に答えようとするなら、本書に書いていることから伝える必要があります。

無印良品は日々、何を大事にしているのか。無印良品のペンや靴下はどうして今の形になっているのか。これからどんなことを考えながら仕事に向き合うべきか。それらを貫く〝役に立つ〟という考え方やその背景は何か。世界に拡がりつつある無印良品の仲間たちや無印良品を支えてくださっている多くの皆様にもありのままを発信させていただこうと思います。

目次

第3章 無印良品のつくり方 ——始まり（Ⅰ）・現在（Ⅱ）・未来（Ⅲ）

第4章　無印良品が生まれる風土や組織とは
――良品計画のビジョン

企画協力　株式会社良品計画　代表取締役社長　松﨑曉
執筆協力　片瀬京子
DTP　ニッタプリントサービス
イラスト　川﨑富美
図版作成　斎藤充（クロロス）
ブックデザイン　Naoto Fukasawa Design Ltd. 古賀麻生

第1章

発想はいつも根源的で単純

――人間としてどう振る舞うか

人間は欲張りで人の目を
気にしちゃう生き物だよねぇ

人間は他人の目を気にしてしまう生き物です。そして欲張りでもあります。人は他人の持ち物とついつい比較をしながら「もっと流行の先端を、もっと話題のモノを」と追い求めてしまいます。欲望は常に高まり、現状に満足できないために、常に満たされていない感覚を持ってしまいます。

このような消費社会現象が起こり始めた頃、アンチテーゼとして無印良品が生まれました。しかしそんな時代にも、自分らしく等身大で美しく暮らす人々はいました。そのような人々を「最良の生活者」として、その人々が選び取るであろう商品をつくり、そこにブランド名やデザイナー名を冠することなく手渡そうという発想です。

その作業は素材の選択、工程の点検、包装の簡略化といった共通視点を持ちながら進められました。

省き簡素化することで魅力を創出するという発想は、デザイナーの田中一光さんが考えた生活美学です。茶碗一つ、籠一つを選ぶにも働く「見立て」には、装飾や無駄を省いた、素に等しいようなところに見える確かなものが最適であり、このような美の捉え方が世界のこれからの生活に共通する価値であることを確信されていました。

無印良品の白磁のめし茶碗は、長い間、日用の食器と向き合ってきた陶磁器デザイナー・森正洋さんがデザインしたものです。そのデザインを、「これでもう、五〇年は茶碗のデザインはいらないよ」と森さんは言いました。森さんの何十年という経験が、あの茶碗らしい茶碗のデザインには反映されているのです。

「らしいもの」には、何かを見出すことができます。見立てができるのです。

かつての日本での暮らしには、見立ての妙がありました。

枯山水は、石や砂で山や水の流れを表現しています。盆栽は、手のひらに載る庭です。これらを眺め、自然の風景を想像するのは私たちの楽しみでした。

もっと庶民的なところへも入り込んでいます。たとえば落語では、蕎麦を食べる、煙草を吸う、文字を書く、これらを表現するときに、てぬぐいと扇子だけを使います。そのとき、てぬぐいがてぬぐいらしくなく、扇子が扇子らしくなければ、どの見立てもうまくいかないでしょう。見立てをするときに、そのものは「素のまんま」の形のものが一番いい。過度なデザインは、人が何かを見出す余白を奪い、見立てを邪魔します。

無印良品が誕生したのは、そうした伝統に蓋《ふた》をして、過度なデザインがさらに過度になり、人がより欲張りに、人の目を気にするようになっていく時期でした。

人も犬もうんこする

ハーバード大学から講演の依頼があり、無印良品の考え方やデザインなどについて話したとき、パワーポイントの最初のページで使ったのが排便中の人と犬のイラストでした。

「人間は自分たちを上等な生き物だと思っているけれど、うんこをする姿は犬と変わらない。私たちはたいしたことないんだ」というメッセージを伝えたかったのです。

人間が作り出した高層ビル群や都市、ビルの最上階でシャンパンを飲みディナーを楽しむ人の写真、ファッションショーの服、車のデザインがどんどん偉そうに、速そうに、高級そうに変化してきた変遷の写真などを映し出しながら「MUJIはデザインもファッションもあまり好きではありません」と話し始めました。欧米でもMUJIはデザインコンシャスな会社、製品であると評価されていることは重々承知の上で、MUJIのデザインを理解してもらうために考えた導入部です。

この考え方は常に持っていて、別の場面でも、たとえば「(良品計画の)本社ビルは購入した自社ビルです」と言いながら窓の外を見て「でも、この辺りにいるカラスからその許しをもらえているわけではありません」と真面目に答えたりしています。そんな会社だから「自然、当然、無印。」だとか、「ぼくは無印だ。」なんてコピーが生まれたりするのだと思います。

今、社会は学歴や肩書やいろいろな印を付けながら人を見てしまいがちですが、自然界では、ハーバード大学ですら、みんな無印なんです。

一緒だね。

MUJIが生まれる言葉 3

無印良品の思想って何だっけ

無印良品には思想があり、この思想があることこそが、存在できているもっとも根源的な理由です。

ものの本に「思想とは、哲学して哲学して浮かび上がるまとまった考え」などと説明がありましたが、さて、「無印良品の思想とは何でしょう？」。

この質問を、「思想」が命の会社だとよくよく理解している良品計画の社員に突然聞いたら、おそらく全員が全員「ウゥ！」と言葉につまってしまうでしょう。

もしぼくが語ろうとすると、

「まあ、そのー……………………簡単に言えば………………………

……………いや、ようはね………………………平等とか…………………

う〜んと………………………たとえば…………………」

……う〜ん、やっぱりぼくも一緒だ。

MUJIが生まれる言葉 4

良品計画の大戦略は「役に立つ」

良品計画の大戦略は「役に立つ」です。戦略や戦術は時と場合によって変わりますが、大戦略は不変です。

思想は簡単にうまく言葉にするのが難しい暗黙知ですが、毎日、毎日、無印って何だろう、良品ってどういうことだろうと考え続けてきた結果として、皆の中に、そして組織の中に「思想」は明確に存在します。一方でこの「大戦略」は単純明快で、わかりやすいものです。

さて、企業の目的はその大戦略を遂行することであり、その結果が売上や利益というのが当たり前のことです。私たちが「役に立つ」を大戦略として位置付けたのは、結果であることが当たり前のはずの売上や利益が、目的になってしまっている社会や会社が多数だと感じているからです。

こうした思想を共有できている企業や組織が「役に立つ」という大戦略を掲げたとき、社員一人ひとりの思考が変わります。思想と大戦略を共有された組織は、ハードをチェーンオペレーション化するのではなく、ソフトをチェーンオペレーション化できる自立型の組織に変わっていくのです。

日本では人口が減少を始め、少子高齢化社会という縮む時代に突入しています。この縮む社会では、多くの会社がなくなっていき、過去の経営手法では、どのような経営が、あるいはビジネススキームが会社を発展させるのか、計り知れない時代を迎えているのだと思います。

しかし私たちにもわかることはあります。それは、社会の課題やみんなが困っていることです。ですからまずは困っていることや課題に対して良品計画が役に立てそうなことをどんどん始めようという極めて単純な戦略です。

だから大戦略なのです。

課題や困り事を見つけ、役に立つ仕事を始めだすと、自分たちのいろいろなスキルをもっともっと高めなければ役に立てないことがたくさん見えてきます。その足りないスキルを皆でどんどん高めようと、全員で勉強しています。そして、この勉強や教育は、お金を払った勉強より、お金をもらった勉強のほうがはるかに身につくことも勉強しました。

そのようなことに各店舗は、「土着化」と称して取り組んでいます。現在はまだ日本を中心とした取り組みですが、世界へと拡がっていきます。そして、それらの解決案やコンセプトづくりの背景には「思想」が生きています。
大戦略の結果として私たちは、世界レベルの高収益企業を目指しています。

どんなことに留意して「役に立つ」ことをやろうか？

『役に立つ』にも、いろいろな手段があります。無印良品では、六つの点に留意して役に立ちたいと考えています。

①傷ついた地球の再生
②多様な文明の再認識
③快適・便利追求の再考
④新品のツルツル・ピカピカでない美意識
⑤つながりの再構築
⑥よく食べ、眠り、歩き、掃く

これらはどれも、目新しい考え方ではありません。ほんの数十年ほど前には誰もが当たり前に感じていることでした。消費社会に生き、人の目を気にしすぎ、欲張りになりすぎた私たちは、ともすると、これらのことを忘れてしまいます。

文化の三角測量

文化人類学者である川田順造先生が、日本・西アフリカの旧モシ王国（現在のブルキナファソの一部）・フランスでのご自身の生活による研究の成果を『人類の地平から』（ウェッジ刊）という著書の中で語っています。文中では、フランスをモデルA、日本をモデルB、旧モシ王国をモデルCと呼び、その基礎的な素材となった社会・文化の固有名詞によることなく、各モデルの指向性の特徴を説明しています。

フランスから抽出される技術文化のモデル（モデルA）は、二重の人間非依存への指向性によって特徴づけられます。二重構造となっている人間非依存への指向性の第一は、個人的な巧みさに依存せずに、誰がやっても常に一定のよい結果が得られるように道具や装置を工夫することです。第二は、できるだけ人間以外のエネルギーを使って、しかも、より大きな結果を得るようにすることです。

日本のモデル（モデルB）は人間依存への指向性に特徴づけられます。第一は、機能が未分化の単純な道具を、人間の巧みさで多様に、そして有効に使いこなそうとすることです。第二は、より良い結果を得るために、人間の労力を惜しみなく注ぎ込むことです。

旧モシ王国（モデルC）に認められる基本的な指向性は、依存の中の働きかけとして特徴づけられます。

人間の力に対して圧倒的に強い自然の猛威と、やはり圧倒的に強い騎馬戦士集団の武力による支配・保護が起源とされる王権、この二つの既存の状況に依存しながらも、それらに対して働きかけ懇願して、何とかしてもらうのです。モデルAの価値観に比べると受動的に見えますが、技術の面では、有り合わせのもので器用にやりくりすると特徴づけられています。

モデルAのフランスと、モデルBの日本を対比したとき、二重の人間非依存性と依存性の第一の特徴は、一七世紀頃からフランスでも広く使われるようになったナイフ、フォーク、スプーンの三点セットと、日本が古くから使ってきた箸という二本の棒きれとの対比にも見ることができます。ナイフ、フォーク、スプーンの三点セットは、切る・刺す・掬《すく》うという分化した機能のそれぞれにおいて箸より優れています。使うのに格別の熟練を要しませんが、道具立てとしてはいかにも物々しい。一方、道具としてははるかに単純な箸を使いこなすには、長い間の訓練が必要です。

旧モシ王国のモデルCは当面利用できるものを工夫して使う価値指向を持ち、食べ物は素手で食べます。ただし、これは言うまでもなく旧モシ王国など西アフリカに限

① 道具の指向性

モデルA　モデルB　モデルC

道具の脱人間化　道具の人間化　人間の道具化

② 指向性が生まれた背景

モデルA

神から創られた
人間が
繁栄するために
自然や動物が
創られた

モデルB

自然
の中で
人も動植物も
生かされている

モデルC

強い自然の猛威や
圧倒的に強い王権に
依存し懇願し
何とかしてもらう
（他の動植物にはドライ）

③ 働くことに対する価値観

モデルA

「契約」
と
「報酬」

モデルB

「奉仕的」
で
「自発的」

モデルC

「必要」
と
「仕《し》来《きた》り」

られたものではなく、世界のかなり広い地域で行われてきたことで、むしろ、箸やスプーン、ナイフ、フォークなどを使う社会のほうが限られているというべきでしょう。

そして、手で食べるのにもそれなりの技術が必要ですし、作法もあります。一種の「人間の道具化」と見てもいいでしょう。このように考えるとモデルAを「道具の脱人間化」、モデルBを「道具の人間化」、モデルCを「人間の道具化」と表現できます。

川田先生の考察はさらに続きますが、私が勝手に要約するならば、前ページにあるような三つの図になります。

地球四六億年の歴史の中で、今の人類であるホモ・サピエンスがアフリカの大陸で誕生したのは約二〇万年前です。同じ種である現在の人間が地球上の陸地にそれぞれ移動しながら定着化し、それぞれの地でより良く生き、生活を満たすための努力や工夫に長い時間を代々積み重ねてきた結果としての文化が、多種多様な文化へと発展しました。川田先生はそのうちの西と東の例を使ってそれぞれの指向性を解析されました。それは、図②にあるような元々その地の気候や食べ物、生存環境が人間の考え方や宗教観を形成し、さらにはその地に暮らす民族や多様性の数によって、図③のように働くことに対する価値観や考えが形成されるというものです。

「道具の脱人間化」という指向性に至ったモデルAは、水車や風車、大型家畜に牽《ひ》かせる車など人間以外のエネルギーを使うために回転運動を活用し、その技術は産業革命、機関車や自動車、やがては大型船舶や飛行機の開発につながっています。モデルBやモデルCはモデルAの文明に「うわ〜っ」と驚き圧倒されながら、その文明を取り込みはじめます。一方で、王朝時代や封建制度以前には本来誰のものでもなかった土地を貨幣価値に変換し、個人所有できるモデルAによる仕組みや制度も、モデルBやモデルCの世界へと拡がりました。

それをグローバル化と呼んでいるのが現在だと私は考えていますが、川田先生は先述の著書の文化比較の部分を「モデルAの指向性を絶対化せず、ローカルな位置に追いやられてきたモデルBやCの指向性も積極的に取り込む努力をして、人類の自己家畜化がもたらす害悪を根底的に押さえ込むことが、地球のより良い未来をつくる」というたメッセージで結んでいます。

私はそれまで「多様な文明の再認識」ということを考え続けていましたので、大変納得できる本に出会えたことはとても幸せでした。『人類の地平から』にある根源的な考え方を、無印良品の活動やものづくりに、もっとつなげていかなければなりません。

俺たちって、自己家畜化されてる？

前項でご紹介した文化人類学者の川田順造先生の「自己家畜化」という考え方に大変共感した私は、川田先生にすぐに会いたくなり、お宅にお邪魔していろいろとお話をさせていただく機会を得ました。半日くらいお付き合いいただいたと思います。その後、良品計画で講演をしていただいたり、川田先生が関係されている学会で私が講演したりと、大変お世話になっています。

私は「自己家畜化」という言葉にひときわ共感したのですが、その言葉から社会を見ると問題の本質が見えてきます。

「家畜」とは、現代では人間が食用として飼育している豚や牛、鶏などを指すのが大半ですが、それらの動物が本来持っている能力の中で、人間にとって有益な能力は伸ばされ、有益でない能力はどんどん退化させられていきます。「家畜化」された動物は自然の中で生き抜く能力が退化していて自然の中に戻しても生き抜くことができません。

実は人間も一緒で、現在の社会システムに有用な能力は教育され伸ばされますが、あまり有用でないとされるものは、身体的能力だけでなく精神的要素や心の在り様なども退化します。この心の在り様の退化により、社会や人と人との関係性が変わってきてしまっていると川田先生はおっしゃっています。

川田先生の話を伺った頃、無印良品の大型店舗で『写真家が捉えた昭和のこども』（クレヴィス）というタイトルの写真集のパネル展を巡回展示しました。

約六〇年前の子どもたちの写真が私に語りかけてきた言葉は、「謙虚・素直・忍耐・共助・希望」でした。対して、今の自分たちのそれは「傲慢・理屈・他責・自己中心・不安」で、私は「あっ！『自己家畜化』だ！」と納得しました。

六〇年前の日本のＧＤＰは現在の約五〇分の一でした。現在、経済的にはこれだけ豊かになったにもかかわらず、あの頃の希望に満ちたくったくのない笑顔や目が、不安におびえてしまっているのはなぜでしょうか。

地域など共同体の揺らぎは高度経済成長の始まった一九六〇年代から本格化し、その後のＩＴの急速な発達と普及が日本社会を新しい社会システムへと移行させました。他者への関心と思いやりに欠け、自己の内側へ閉じこもる人たちを増やし、共同体の底に流れていた、人の役に立とうという意識、弱い者へのいたわりといった倫理は薄まってしまったのではないでしょうか。

「（人類学は）しきたりや習俗といった、人々が共通にもち、半ば意識されずに従う行動様式を『人を人たらしめるもの』と考え、研究します」

「以前、学校で飼っていたニワトリの肉をクラス全員で食べるという授業の試みが、保護者の反対で中止されたと聞きました。そういう授業こそ大切だと、私は思います。肉は食べるが、そこに至るまでの作業は自分とは別の誰かがやるという、子供の心の中の意識を打ち壊すべきです。ほかの生き物の命で生かされているという自覚、リアリティーを持つことは、自然とのつながりを取り戻すことへの第一歩です」

「地球や他者へのおごり　自問することが希望への道」

出典『朝日新聞』二〇一五年一月四日　※カッコ内は編集部

「鶏を殺して解体するのは残酷で汚いことなのか、包装された鶏肉をスーパーで買って、家族で鶏鍋を食べるのは、優しく清らかなことなのか」

出典『人類の地平から』（ウェッジ）

これらも、川田順造先生のメッセージです。

MUJIが生まれる言葉 8

個人も会社も国も同じサイクルで廻ってしまう

――危機↓革新↓発展↓傲慢↓無関心↓依存心↓危機――

人間は、危機的状況で生まれます。生まれたばかりの赤ん坊は、自分一人では食べられませんし、歩くこともできません。歩けるようになっても、食べるものを自分で探せるようになり、ここが安全に眠れる場所であるかどうか判断がつくようになるまでも、時間がかかります。そうした心配を最小限にするために、住居を構え、穀物や野菜を育てるという革新が起こりました。

その革新は、人間を危機的状況から脱却させ、優位な立場に置かせます。ほかの動物なら死んでしまうような気象状況に見舞われても、なんとか乗り切り、発展を続けていきます。

しかし、発展した社会での生活に慣れることは、かつて自分が危機的状況で生まれたことを忘れさせます。現代のように、発展し安定した社会が当たり前のものであるかのように感じ、傲慢になります。その社会による資源枯渇や生態系破壊、人間同士の殺戮《さつりく》や少子高齢化などの課題を、なんとかしようとは考えなくなり、無関心に陥ります。今を保つこと、悪くならないようにすることは、ほかの誰かがやってくれるだろうと依存するようになります。それが、危機を生み出します。

人間だけではありません。会社もそうです。国もそうです。

売る側が弱すぎて、買う側が強すぎないか？

一九八三年六月、東京の青山に「無印良品」の路面店一号店がオープンしました。キャッチフレーズは『無印良品で買った』と、自慢できるような性格の良い品々を、できるだけ山ほど売ります。」としました。

この頃、社内の会議で堤清二さんは、「もういっぺん無印良品とは何か?をハッキリさせる。それがハッキリするまでは、新商品の追加は行わなくて良い」と話しました。それは「①合理化なのか、②新生活運動なのか、③消費者の自由の確保なのか、④ファッション・デザイン性なのか」と、その場に居た全員に問いながら、「コンセプトが曖昧なら無印良品は存在する意味はない。目的は③消費者の自由の確保が中心で、①②④は要素だ、あくまでも(無印良品は)反体制商品なのだ。無印は、自由の確保を忘れ、押し付けが出てきたら、その段階で印やブランドになってしまう」と、おっしゃっていました。

同じ頃、アドバイザリーボードの小池一子さんが、「街を歩く女性たちが全員化粧をし、口紅をさしていますが、本当はそうしたくない女性も化粧をしなくてはならないような社会ができあがってしまった」とおっしゃっていたことを覚えています。

また、小池さんと映画監督の伊丹十三さんとの対談では、次のようなことをお話しされていました。
《小池　なぜこんなものを買ってしまったのかと後で思うことがよくあるというんです。（中略）伊丹　問題は何がわれわれをこの果てしない消費に駆りたてるかなんですが、（哲学者の）イリイチという人の説によれば、これはわれわれが学校を出たからだという。（中略）学校という制度の最大のコンセプトは、人間というのが足りない存在である、ということを徹底的に教えこむ、ということなんですね。そして、このことを骨の髄まで叩きこまれた人間が消費社会へ出てゆくと、自分は足りない人間だ、家も足りない、車も足りない、冷蔵庫も、ビデオも、ワープロも、ゴルフの会員権も足りない、健康も足りない、子どもの教育も足りない、というので、消費社会に、消費者としてすんなり組み込まれて、喜々として強制労働としての消費にいそしみ、（中略）まあ、実に次つぎと、どうでもいい、その場限りのものを欲しがりますよね》
《伊丹　消費っていうのはピーナッツ食べるのと同じで、おなかが空いてるから食べるんじゃない。食べる瞬間の快感のために食べてるんですから、止めることができない。食べたとたんに快感は終わってるんだから、快感を持続させるためには食べ続

けるしかないわけで、消費もピーナッツと同じでしょう》

出典『感性時代　西友のクリエイティブワーク』リブロポート　※カッコ内は編集部

ここから、一九八三年頃の、消費社会に対する問題意識を感じることができます。それから三〇年が過ぎ、私たちは青山の一号店を「Found MUJI」という店に変えました。二〇一一年一一月のリニューアルオープンの際、私は「三〇年前に、消費者の自由の確保を目的に、ここに無印良品がオープンしました。そして今日ここに、生産者の都合を優先したり、それぞれの地域で継承されてきた生活文化やものづくりを守っていくための無印良品（Found MUJI）をオープンいたします」と挨拶しました。

この三〇年間で消費社会も小売業の立ち位置も、消費者も、大きく変化しました。無印良品はつくる側であり、仕入れる側であり、売る側です。しかし、家に帰ればみんな買う側、使う側です。本来、買う側も売る側も対等であるべきで、双方が相手の都合を慮《おもんぱか》りながら、モノやサービスを通じた共助の関係を築いていきたいと思います。販売をしている私たちは、お客様からいただく「ありがとう」が本当に嬉しいですし、それがこの仕事の楽しさや、やりがいです。

MUJIが生まれる言葉 10

媚びず、驕らず、でしゃばらず

どうでしょう、こんな人。周りから信頼され、好まれるタイプではないでしょうか。無印良品の振る舞いとしてこの言葉が語り継がれてきました。私もときどき考えます。ずーっとあの会社やブランドが好きだ、愛しいと想い続けられている会社とはどんな会社だろう、ずーっと好きで愛しいと思う芸能人って誰かなぁ、と自問してみます。なんとなく、高倉健さんとか、ジェームズ・ディーンさんとかの顔が浮かんできましたが、そのような存在を無印良品は目指すべきだと思います。

そのためには、お客様から好かれ愛しいと思ってもらいたいと作為的に意識し行動するのではなく、無心に、無作為に、一品一品、一店舗一店舗が、一人一人のお客様、に対して「無印良品」を体現する。社内ではこのことを「一隅を照らす。これ則ち国宝なり」と約一二〇〇年前の僧・最澄の言葉をつかって説明しています。

かく言う私も自宅では「傲《おご》り、驕《おご》って、でしゃばっている」と妻からよく叱られている身です。ひょっとしたら社内でもそうかもしれません。気をつけなくては……。

自然と。無名で。シンプルに。地球大。

三〇年ほど前、私たちは無印良品の原点にある考え方を一冊の本にまとめました。その名も『無印の本』といいます。

この本は、無印良品の外の人の言葉を集めているのが特徴です。だからこそ無印良品が大事にすべきことが詰まっていて、この本は私の先生です。全店長に配布したこともあるほど大切に考えています。

四章構成になっていて、それぞれの章のタイトルは「自然と。」「無名で。」「シンプルに。」「地球大。」。現在の無印良品が大事にしているキーワードそのものです。

この本の誕生にも、田中一光さんが深く関わっています。

本を作るに当たって、田中さんが声をかけた、様々なジャンルの才能を持つ人たちに集まってもらったときに、こんなことがあったそうです。無印良品に関して雑談をしていると、おもむろに田中さんが、手元にあった事務用紙をびりびりと何等分かにし始めました。そしてその場で作ったそのメモ用紙を一人ひとりに渡しながら、無印良品から連想する言葉、単語をこれに書いてくださいと言ったのです。

参加者は皆、思い思いの言葉を書いてくれました。集めてみると、その思い思いの言葉は、田中さんと小池さんによって四つの単語に整理できました。それが、自然・無名・シンプル・地球大です。

「自然と。」

この章は、「まず自然があった。……食も衣も、住む処も、自然との関わりから人の営みは始められた。……」という、人間生活の原点にまで立ち返って生活を見直そうというこだわりから始まっています。

進歩した科学技術に支えられている現代でさえ、「お手本は自然界」であり、多くの恵みの源が自然であり続けている現実が綴られています。それは、同時に工業化社会で手に入れた便利さ、豊かさの背後で自然破壊がなされた反省の暗示でもあります。


「無名で。」

「誰がいつ、その形をつくったのか。誰にも知られず生まれ、使われ、愛されている器や道具たち。……アノニマスのモノの群れ。……モノ離れが始まっている。あるいは、付加価値が一人歩きしてモノが本来の価値を離れつつあると言えるだろうか。名前や記号を冠することより先に、創ることへの情熱がほとばしって生みだされたアノニマスデザインを俯瞰する。」と始まります。

大工道具・シェフの鍋・久留米絣《がすり》・アーリーアメリカンの桶などの写真が紹介され、アノニマスデザインについての柳宗理《やなぎそうり》さんのエッセーなどが収められています。商業主義が最優先で繰り広げられたブランドやデザインに対して無印良品から警鐘を鳴らしているともいえます。

「シンプルに。」

この章に寄稿した、コリーヌ・ブレさん（仏のジャーナリスト）の文章に、「……納得いったいい形ができるまでに努力を重ね、無駄もし、その無駄をなくそうとする。そして、『シンプル』なモノが誕生した時、それを作った努力や気持ちが消えず、モノの影として残る」とあります。和室や風呂敷といった日本のシンプルのほかに、コルビュジエやバウハウスといった西洋のシンプル活動まで紹介したこの章では、真のシンプルこそ実は、汎用性に富み、モノづくりの一つの究極と示唆しています。シンプルは目的やスタイルではなく結果の形であるといえます。

「地球大。」

無印良品のこだわりの視点で世界を見たときに、無限の可能性はあると謳われています。この本の最後を締めくくっている中沢新一さんの「境界の知性体」と題されたエッセーは無印良品への応援歌ともいえるかもしれません。

この本から無印良品のこだわりの世界を見ると、今でも「無印良品」の四字熟語の意味など、思想らしきものが浮かび上がってきます。もちろん、この四つのキーワードに「無印良品」は収まりきれるものではありませんが、骨格であると思います。

第2章

生活が美しくなれば、社会はよくなる

――経済は目的ではなく手段、目的は感じ良く生きること。

最近月をぼーっと見たのは
いつですか？

ある老人ホームで暮らしている男性が、所内を歩いていて転び、骨を折ってしまいました。すると、滅多に面会にやってこない息子夫婦が飛んできて、老人ホームの職員に向かって「なんでうちの親父を歩かせるんだ」と怒ったそうです。歩かなければ、転ばずに済んだし、転ばなければ骨折もせずに済んだということのようです。

お父さんはどうしていればよかったのか、職員はどうするべきだったのか、息子夫婦はどう考えていたのでしょうか。

これほど極端ではなくても、同じようなケースはあちらこちらで見られます。自分とそれ以外のものをはっきり区別し、どこまでが自分とつながりのあるもので一体化しているものなのかという結びつきに思いが至っていないのです。

そのようにいつの間にか家畜化されてしまった自分をそこから解き放つには、普段は忘れてしまっている、好きなことをやってみればいいと思います。

月をぼーっと見る。裸足で土の上を歩いてみる。

そんな一銭にもならない行為が現代を生きる私たちの生活にはとても大切だと思います。

大変便利な社会になり、これが中世の世ならば、私たち全員が王様のような生活をしているようにも思えます。スーパーに行けば世界中から食材が集まっていますし、ビルから一歩出れば、そこには電車やバス、タクシーが待ち受けていますし、深夜になっても街は明るく、コンビニエンスストアは開いています。

一方で、私たちの生活から人間本来の生活や、生きる喜びや、生きる力さえも消えていってしまうのではないかと、恐ろしさを感じます。人生一〇〇年時代を迎え、私たちは、私たちの生活がより美しい方向に向かうようにしたいと思います。

一日八〇〇〇歩くらいは歩きたいですね。歩くことは健康の基本であると実感しています。健康のためには食事も大切です。誰が食べるのかわからず、またはそれを考えもしない食の流通システムがグローバルに拡がり、そこでの農業では、安全・美味しさよりも単位面積当たりの収穫量が優先されていますが、食べ物こそ、その地域のお互いに顔が見える流通が大切で、安全に美味しく工夫し作られた食材を食べたいと思います。

そして寝るときはぐっすりと眠る。

精神衛生的には、草取りをしたり掃除したり、手を動かしたり、単純で成果がハッキリ見える作業をするのも良いと思います。一人ひとりがそのような暮らしをして生活を美しくすることは、過剰なエネルギー消費を抑え、増大する医療費の抑制などの良い結果につながるのだと思います。

グローバルな市場競争が激しく、経済が優先され、豊かであるが不安な現在に、自然や四季を通じ、便利な機械やシステムにできるだけ依存しない自立的な時間を生活の中に取り戻すことが、個人にも社会にも大切なことだと思います。

「豊か」と言わず
「感じ良いくらし」と言おう

東日本大震災のあと、八階建ての良品計画の本社では天井から何本もの蛍光灯を外し、エレベーターをしばらく使わないことにしました。それでも、社内から文句は出てきませんでした。前よりも薄暗いオフィスでも「十分に仕事ができます」と、階段を上がってきて息を切らしていても「健康にいいですよね」と言うのです。もしも、同じように蛍光灯を減らしたりエレベーターを停めたりすることの目的が、経費削減であったなら、文句が噴出したはずです。

二〇一一年三月一一日のあと、明るすぎないオフィスで階段を上り下りしていた社員は、それを苦行とは思っていませんでした。困ったことが起きたとき、その解決に自分も参加していると感じられると、前向きな気持ちになれるのです。「感じ良い」と思えるのです。〝豊か〟でも〝良い〟でもなく、「感じ良い」。

豊かというと、精神的なものよりも物質的なものに重きが置かれているような気がしますし、良い、でもまだ物質的で、便利や快適であることが中心のような気がします。

そこで、私たちが目指す生活を「感じ良いくらし」と呼ぶようにしました。

グローバルな市場経済が、行きすぎてはいないか？

世界中がグローバルな市場経済にのみこまれています。「お金」が瞬時にして、世界中を動き回り、「お金」が「お金」の増殖を求めて、個人も、企業も、国家までもがはてしない競争に巻き込まれてしまいました。グローバルな市場競争という仕組みの中で、人間が圧迫されています。

一方で、社会は思いやりを失い、監視社会へと変容してしまっています。ＩＴやデジタル化のメディアを通じて、犯したのがわずかな失態であっても、他人のスキャンダルを面白がり、心ない言葉を投げつけ、追及することを快楽とする人が目立ちます。

このような流れを食い止め、失ったものを手に入れ直すため、いま一度、人間同士の顔の見えるつながりを回復できないかと考えます。

そうすることで、倫理や道徳も成立します。

過剰な市場競争と不寛容な情報社会に覆われる現代、私たちに必要なのは、私たちの日常生活からもう一度「自然と人」「人と人」「人と社会」のつながりを紡ぎ合わせていく努力だと思います。その意味で、現在の小売業にとって、この「つながり」のお手伝いは使命であると思います。

生活の「豊かさ」を問い直す

ウルグアイのホセ・ムヒカ元大統領は二〇一二年にブラジル・リオデジャネイロで開かれた国際会議で次のような演説をしました。

《いまの文明は、わたしたちがつくったものです。わたしたちは、もっと便利でもっとよいものを手に入れようと、さまざまなものをつくってきました。おかげで、世の中はおどろくほど発展しました。

しかしそれによって、ものをたくさんつくって売ってお金をもうけ、もうけたお金でほしいものを買い、さらにもっとたくさんほしくなってもっと手に入れようとする、そんな社会を生み出しました。

いまや、ものを売り買いする場所は世界に広がりました。わたしたちは、できるだけ安くつくって、できるだけ高く売るために、どの国のどこの人々を利用したらいいだろうかと、世界をながめるようになりました。

そんなしくみを、わたしたちはうまく使いこなしているでしょうか。それとも、そんなしくみにおどらされているのでしょうか。

人より豊かになるために、情けようしゃのない競争をくりひろげる世界にいながら、「心をひとつに、みんないっしょに」などという話しができるのでしょうか。だれもが持っているはずの、家族や友人や他人を思いやる気持ちは、どこにいってしまったのでしょうか。

（中略）

人類がほらあなに住んでいた時代の生活にもどろう、と提案しているのではありません。時代を逆もどりさせる道具を持とうと言っているのでもありません。そうではなくて、いまの生き方をずるずると続けてはいけない、もっとよい生き方を見つけないといけないと言いたいのです。わたしたちの生き方がこのままでよいのか、考え直さないといけない。そう言いたいのです。

古代の賢人エピクロスやセネカ、そしてアイマラ民族は、つぎのように言いました。

「貧乏とは、少ししか持っていないことではなく、かぎりなく多くを必要とし、もっともっととほしがることである」

このことばは、人間にとって何が大切かを教えています。》

出典『世界でいちばん貧しい大統領のスピーチ』くさばよしみ編、中川学絵、汐文社

世界で最も貧しい大統領と言われたムヒカ氏。古いポンコツのフォルクスワーゲンビートルに乗った笑顔の写真を見て、一目惚れでした。リオ会議での演説はウルグアイのような小国の大統領は順番が最後で、彼のスピーチの時にはホールで聴く人がほとんどいなかったそうです。国の規模や力で発言力や関心度が違ってしまう社会の構図そのままですが、彼がカメラの前で発した赤裸々な本質は、世界の人々に届きました。私も「政治や経済ではなく、一人ひとりの意識と生活から」と訴える大統領の言葉が私たちの考えと一緒であることが嬉しく、そして勇気をいただきました。

新しい価値観で生活を見直してみる

東京大学名誉教授の月尾嘉男先生は日本経済新聞のインタビュー記事で次のようなことをお話しされています。

「先住民族の世界では土地は共有です。モンゴルの乾燥地帯に生活する遊牧民、ハルハ族は草原を維持できる以上には家畜を飼わず、２千年も放牧生活を続けています。その南側の中国の内モンゴル自治区では、漢民族に土地を分割した結果、過度に羊が飼われ、数十年で草原が荒れ果てて、砂漠になりました」

「１９２０年代に建築分野でインターナショナル様式という概念が広がりました。世界中同じ様式の建物で対応する考え方で、これが食事や衣服などの生活面にも反映され、同質な様式が進みました。これは便利で快適ですが、大量生産、大量消費が前提で環境問題などの原因になっています。（後略）」

「文明社会の日常生活は環境への負荷が高い、無駄の多い生活ともいえます。人間が時速４キロで歩くのに対し、自動車は80キロくらいで走れます。約20倍です。しかし、人が１キロ歩くのに必要なエネルギーは四十数キロカロリーですが、自動車で移動すると８６０キロカロリーを使い、やはり20倍。便利さに比例して大きなエネルギーを消費します。そのためにダムを造り、資源を掘削し自然を改造していますが、それが地球規模の環境問題の主要な要因になっています」

「だからといって、一気に生活を変えるのは無理、という人も多いでしょう。それは切羽詰まっていないからです。現に、福島第1原子力発電所の事故で電力不足が懸念された一昨年夏、ピーク時の電力使用量を18％減らすことができました。これが一例で、少し雑巾を絞るだけで、かなりの変化が可能です」

「社会は時間とともに進歩するという西欧的な進歩史観は、無限の資源と環境が条件ですが、資源も環境も有限です。拡大一方の『進歩史観信仰』をそろそろ見直す時期に来ていると思います」

「私たちは、新しい価値観で生活を見直してみるべきです。経済のV字回復は困難でも、別の目標へ戦略を大転換し、社会のV字回復を目指す。縮小の時代に、これまでとは別の価値観、幸福の尺度を据えて生きることをぜひ提案したいと思います」

出典『日本経済新聞』二〇一三年一月一二日夕刊「豊かさのV字回復　月尾嘉男さんに聞く」

月尾先生の文章には、いつも人間の根源的なことや本質的なことにおいて共感しています。縄文時代の人々の暮らしの様子なども大変勉強になりましたし、生き物である人間の営みと文明に依存しすぎる現在の私たちの生き方にいつも警鐘を鳴らしておられる姿に無印良品を感じてしまいます。

前項のムヒカ大統領の演説や、月尾嘉男先生のお話には、大変励まされ、勇気もいただけます。

一応、経営者の端くれである私が無印良品の思考や大戦略を、経済界や株式市場に与《くみ》する方にお話ししても、何とも不思議がられたり、孤独感を覚えたりすることがよくありました。反面、企業の若い方々や学生の皆さんには目をキラキラさせて共感していただけます。これは自己家畜化の進行度合いの差なのでしょうか。

そもそも「消費社会へのアンチテーゼ」から始まった

現代は消費社会です。

すべてのモノを消費の対象としてみる、消費の対象とならないモノは無価値と考える、というのが消費社会です。消費社会現象が生まれるのは、生産力に余剰が生まれたときで、一六世紀には上層階級の一部において、すでに見られるようになっていました。

この消費社会は、生産力が非常に発達して、作ればそれを消費者が受けとって使う。必要のないものまで作って消費者に買わせる。買わせなければならない、というふうに変容していきます。それを持っていないと、どことなく「格好悪い」と思わせて、心理的に追い込んでいく……。それがマーケティングの成功となるわけです。

それは本当の意味で消費者にとって有益なのだろうかと思います。

現代の消費社会は「リゾーム化」（それが本当に実用の価値があるのかわからなくさせること）、「ガジェット化」（使用価値から考えると、無意味でも持っていると安心だと思わせること）、「ファースト化」（流行や安さを前面に訴え衝動的に購買を煽ること）といった大きく三つのしかけで強固になる一方です。

無印良品は、そもそも「消費社会へのアンチテーゼ」として始まった概念です。
田中一光さんが急逝した二〇〇二年一月の新聞で、田中さんを悼《いた》み堤清二さんがこんなことを書かれています。

《私たちが消費社会の変質に気付いて相談をはじめた時、浮かんで来たのが『無印』という概念であった。町にはただ値段でのみ勝負する商品が溢れ、他方ブランド名が着いているために高額の海外商品が関心を集め、生活の様式も衣装の様式も混乱を極めている状態への批評を内側に含むものとして、「無印」という概念に「良品」という名前が付いた。これは反体制商品であった。田中一光の周辺に集まっていた人たちが、軽薄に考えれば自己否定にもなりかねないこのプログラムに全面的に参画し、『愛は飾らない。』、『わけあって、安い。』というような、彼のパートナー小池一子の名コピーと共に、『無印』は運動としての性格を残しながら、日本の主な都市ばかりでなくヨーロッパにまで広がっていった。》
出典『朝日新聞』二〇〇二年一月一五日夕刊

また、「反体制」という考え方について、堤さんはのちにインタビューで、「一つは米国的消費生活、つまり利便性、浪費性、ぜいたくを追う体制への反発。二つ目がフアッション性を追う体制への反発」（『朝日新聞』二〇一三年二月二五日）と説明されていますが、これらに加え「差別化消費、ブランド名やデザイナー名で消費を誘導する体制への反発」でもあります。

無印良品がどのように発想され、私たちがたとえば国家の憲法と同じように変えてはいけないものは何か？　最初にお客様に約束したこれらの精神だと思います。

堤清二さんが言った「資本の論理より人間の論理」

これは、堤さんが一九八六年頃におっしゃっていた内容です。

「西武流通グループの経営理念」などのタイトルで堤清二さんとインタビュアーとの対談形式で編集されたシリーズで、社内で配布されていたものがあります。その中で、インタビュアーからの「(堤会長は)流通業は資本の論理と人間の論理の境界に位置する一つのマージナルな産業であるとし、いかにして両者を調和させるかということが要であるとして言われております」という問いかけに答える形で、以下のようなことをおっしゃっています。

《ところが資本の論理からは、使っている資本に比較してできるだけ大きな利益をあげたい、膨張していきたいという本質を資本は持っていますから、やっぱり、それと矛盾するところがどうしても出てきます。ただし、これは原義的に矛盾するという面と、その産業の成熟度合いによって、むしろ、その矛盾が現われずに成長要因として、資本の自己増殖本能と、それによって生活し易くなる、物が非常に生産し易くなるというニーズと、一致している蜜月時代にある面が産業史の中にある。(中略)しかし、ある一定の成熟度段階を越すと、やはり潜在的に含まれていた矛盾が表へ出てくる、それが資本の論理と人間の論理、ないしはユーザーの個別多様性の論理と軋轢

になって出てくるのではないかと思います。》

《小売段階でみますと、その変化は非常に速かったのです。一九六〇年代の初めから意識されたのは、今と全く逆の「多量生産に見合う多量流通」というシステムが確立していないということでした。これは、産業の構造に一貫性を欠く産業構造の欠陥なので、多量生産に見合う多量流通というシステムを確立すべきです。これに対する答えがチェーンストアであり量販店でした。すなわち、これが流通革命であるという理論が、一九六〇年から一九七〇年代の半ばぐらいまで市民権を持ちました。歴史的な事実でいうと、ある一定の限界においてではありますが、だいたい、第一次オイルショック（一九七三年）と言われる頃までに、流通革命論は、社会的な市民権を持ってきたのです。》

《個別多様性に合わせようと思ってやっていますとプライスが高くなるという結果が出てきました。質的な人間の論理に答えようと思った結果、数量的な人間の論理に抵触するという、矛盾に陥ったわけです。そこで、個別多様性を追求しながら小売価格を上げない方法を、見つけなければならない（中略）改めて商品の価格構成が、どのような構成になっているか、材料費、加工費、流通費、宣伝費などコスト分析をして、それから、消費者と直接議論をするシステム（商品科学研究所）を作りました。（中略）椎茸などでも、いままでは、全部大きさが揃っていましたが、その必要はありません。かけらであっても椎茸の味が出ればいいのです。となると、大分のどこの農場の椎茸であることがはっきりしていれば、私達はそれを買います。日本の農場の場合は、かけた椎茸や小さな椎茸は、大体その農場で出来る椎茸の半分もあります。それらは、見映えをよくするために廃棄される。ですから、それを廃棄しないで、ただし、「紛れもなくどこどこの農場の椎茸です」ということで、半額に近いものが出来るのです。》

出典『西武流通グループの経営理念』※カッコ内は編集部

日本の家庭でモノが充足され、消費者が個別多様性を意識しはじめた時代に、ただ安さだけを追求した資本の論理ではなく、個別多様性に対応しながら価格を上げない人間の論理を追求する。そうして浮かび上がってきたのが「無印」という概念です。『良品』はどうか」「それは、いばっていないか」「でも『無印品』ではないな」――堤さんと田中一光さんの議論の末、「無印」という立場に、「良品」という価値観がつけられました。

MUJIが生まれる言葉 19

伝統と沈黙の間から

次に引用する文章は田中一光さんの作品集『田中一光のデザイン』に堤清二さんが寄せた「伝統と沈黙の渕間から」の中の一節です。

《コペンハーゲンで墨縄を見た。刀鍛冶が使っていた鞴《ふいご》を見た。蒸籠《せいろ》と矢立てと菅笠を見た。

（中略）

「かつて日本の芸術の根底にあった〝単純〟はある種の精神主義に立った、無限なるものの集約であった。形象の中に盛り込むことのできない精神性を、あらゆる無駄や、贅肉を切り捨ててしまうことで、その思想の包含を可能にしようとしたのだろう」

と、田中一光は書いているが、この言葉には彼の創作方法、対象へのアプローチの仕方が含まれている。

彼が作り出す空間には、日常の形象を磨ぎ澄すことによって、沈黙に多くのことを語らせようとする意識が働いている。たとえ、どのように深い色に彩られていても、彼の作品には永遠に連らなる透明があり、そのフォルムのなかには、つねに素朴なものへの郷愁が息づいている。製作者が語るのではなく、対象をして語らしめるためにこそデザインがあるのだという芸術創造の核心を、今日、人々が忘れてしまっているかに思われるのは奇妙なことだ。》

出典『田中一光のデザイン』駸々堂出版

この文章が堤さんによって書かれたのは一九六七年です。一九六〇年代の日本といえば、米国消費文化が主役の「行け行けドンドン！」、高度経済成長まっただ中の時代でした。

ここでは「単純」について書かれていますが、「単純」とは、長い間使いこまれているうちに次第に不要な部分が削り取られて、美しいフォルムを持つようになった物の姿であり、機能美などというよりは、生活の知恵が放つ輝きであり、そこに労働と物資との交歓からくる思想性や精神性を田中さんは観ていました。

ずいぶん後になって、一九九〇年代でしたが、雑談で「木を倒す斧などの美しい形も、何百年という時間の中で、無名の職人さんらがもっと良くしようと繰り返し改良してきた結果としての形が美しいんだね」といったお話も伺ったことがありました。

田中さんは単なるデザインの表現形象によるモダニズムやポストモダンなどのデザインにおける時代の潮流とかの視点ではなく、「単純」が生み出されるプロセスや思考について考えていらしたのです。

また、バウハウス以降、それまでの虚飾に対峙し、機械化と量産化に向かうデザインの「単純化」が「単調化」につながる懸念の中で「精神主義に立った単純」を論じたように思います。

そしてそれは企業経営者である堤清二さんとも深く理解・共有されており、その結果として一九八〇年の「無印良品」の誕生に至ったと考えられます。一九六〇年代に二人の意識の中に無印良品はその名を持たず、しかしすでに存在していた、と読める文章です。

MUJIが生まれる言葉 20

「これがいい」ではなく、「これでいい」

二〇〇三年の春に無印良品として発した企業メッセージです。

無印良品の思想や立ち位置を、原研哉さん、深澤直人さんらと約一年間にわたって議論していたとき、深澤さんが「無印良品て、『これでいいか』と思えるような感じじゃないですかねぇ」と呟きました。それから様々に積み重ねた想いを、無印良品のアートディレクターに就任して一年が経った原さんが、ウユニ塩湖のビッグビジュアルと共に長文ですが簡潔に表現してくださいました。このメッセージは、この年の「東京ADC賞グランプリ」を受賞しました。

世界中の人間たちが「が」「が」と言い合っている。「自分たちの国が」「自分たちの宗教が」「自分たちの民族が」「自分たちの領土が」。皆が自分たちの主張ばかりを言い合うだけでは世界は立ち行かない。

「が」ではなく、「で」。これからの世界に必要なのは「これでいい」といった理性的な満足感や譲歩の心であると、無印良品の目指す生活やものづくりと重ね合わせて表現しました。

無印良品の未来

無印良品はブランドではありません。無印良品は個性や流行を商品にはせず、商標の人気を価格に反映させません。無印良品は地球規模の消費の未来を見とおす視点から商品を生み出してきました。それは「これがいい」「これでなくてはいけない」というような強い嗜好性を誘う商品づくりではありません。無印良品が目指しているのは「これがいい」ではなく「これでいい」という理性的な満足感をお客さまに持っていただくこと。つまり「が」ではなく「で」なのです。

しかしながら「で」にもレベルがあります。無印良品はこの「で」のレベルをできるだけ高い水準に掲げることを目指します。「が」には微かなエゴイズムや不協和が含まれますが「で」には抑制や譲歩を含んだ理性が働いています。一方で「で」の中には、あきらめや小さな不満足が含まれるかもしれません。従って「で」のレベルを上げるということは、このあきらめや小さな不満足を払拭していくことなのです。そういう「で」の次元を創造し、明晰で自信に満ちた「これでいい」を実現すること。それが無印良品のヴィジョンです。これを目標に、約五〇〇〇アイテムにのぼる商品を徹底的に磨き直し、新しい無印良品の品質を実現していきます。

無印良品の商品の特徴は簡潔であることです。極めて合理的な生産工程から生まれる製品はとてもシンプルですが、これはスタイルとしてのミニマリズムではありません。それは空の器のようなもの。つまり単純であり空白であるからこそ、あらゆる人々の思いを受け入れられる究極の自在性がそこに生まれるのです。省資源、低価格、シンプル、アノニマス（匿名性）、自然志向など、いただく評価は様々ですが、いずれに偏ることなく、しかしそのすべてに向き合って無印良品は存在していたいと思います。

多くの人々が指摘している通り、地球と人類の未来に影を落と

す環境問題は、すでに意識改革や啓蒙の段階を過ぎて、より有効な対策を日々の生活の中でいかに実践するかという局面に移行しています。また、今日世界で問題となっている文明の衝突は、自由経済が保証してきた利益の追求にも限界が見えはじめたこと、そして文化の独自性もそれを主張するだけでは世界と共存できない状態に至っていることを示すものです。利益の独占や個別文化の価値観を優先させるのではなく、世界を見わたして利己を抑制する理性がこれからの世界には必要になります。そういう価値観が世界を動かしていかない限り世界はたちゆかなくなるでしょう。おそらくは現代を生きるあらゆる人々の心の中で、そういうものへの配慮とつつしみがすでに働きはじめているはずです。

一九八〇年に誕生した無印良品は、当初よりこうした意識と向き合ってきました。その姿勢は未来に向けて変わることはありません。

現在、私たちの生活を取り巻く商品のあり方は二極化しているようです。ひとつは新奇な素材の用法や目をひく造形で独自性を競う商品群。希少性を演出し、ブランドとしての評価を高め、高価格を歓迎するファン層をつくり出していく方向です。もうひとつは極限まで価格を下げていく方向。最も安い素材を使い、生産プロセスをぎりぎりまで簡略化し、労働力の安い国で生産することで生まれる商品群です。

無印良品はそのいずれでもありません。当初はノーデザインを目指しましたが、創造性の省略は優れた製品につながらないことを学びました。最適な素材と製法、そして形を模索しながら、無印良品は「素」を旨とする究極のデザインを目指します。

一方で、無印良品は低価格のみを目標にはしません。無駄なプロセスは徹底して省略しますが、豊かな素材や加工技術は吟味して取り入れます。つまり豊かな低コスト、最も賢い低価格帯を実現していきます。

このような商品をとおして、北をさす方位磁石のように、無印良品は生活の「基本」と「普遍」を示し続けたいと考えています。

第3章

無印良品のつくり方

——始まり（Ⅰ）・現在（Ⅱ）・未来（Ⅲ）

MUJIが生まれる言葉 21

これのどこが無印良品？

良品計画には「商品検討会」があります。商品部のメンバーが開発した次シーズンに発売しようと考えている商品サンプルについて、経営層や関連部署を前に説明し、その商品の販売価格や数量、導入時期や売場作り、プロモーションなどを打ち合わせていくための検討会です。

私はその場で一品一品の開発の意図や背景、そしてものづくりとしてのプロセスを聞きます。多発はしませんが、全員に気を付けてほしい、考えてほしいと思い、発する言葉があります。「これのどこが無印良品なの?」という質問です。

この言葉は、商品部の面々にとっては、それはそれは恐ろしい言葉で、みるみるうちに彼らの顔はこわばり、額にはあぶら汗が吹き出し、何か言おうとしますが最初の言葉が見つからず、頭の中で言葉を探すのですが動揺のあまり頭の中が動転し、口だけがもごもごするという事態を招きます。本当に恐ろしい言葉なのです。

なぜここまで描写できるのかというと、私も約二〇年前に商品部のメンバーとしてこの商品検討会（当時は判定会という呼称でした）に参加し、田中一光さん、小池一子さん、杉本貴志さんらアドバイザリーボードメンバーへ商品説明をし、杉本貴志さんからこの言葉を発せられ、頭の中が真っ白になった経験があるからです。

最初の返答として「シンプルにしました」というような言葉が浮かびます。しかし、「シンプルのどこが無印なんですか？」という返しがくることは見えています。なので、最初の返答の始まりの言葉探しにどぎまぎしてしまうのです。

ただ、だいぶ古い話になりますが、当時日本でよく売れていた、模様が入った布製の電話機やドアノブのカバーを、模様入りの布の代わりに生成りの布を使って開発した商品部のメンバーがいました。その商品を見たアドバイザリーボードメンバーはビックリして閉口し、この必殺質問すら言えなかった、なんてことがありました。

それはさておき、尋ねる側は、感じ良く美しいくらしを想像し、そこに在って機能するモノがどんな価値観として存在し、あるべき品質と価格を実現するために素材をどのように考え、工程を点検し、包装も含めて省資源・省エネルギー・省アイテムについてどのように工夫したか、といった思考とプロセスを説明してほしいと思っています。商品開発時の各段階でいかに無駄を省き、生活の素材としての良品に仕上げるか、そしてその視点は生活者として納得・共感できるプロセスがあるのかが大切です。

良品計画では、「何を商品にするか」という視点が生活と価値観に直結します。意志を持って作らない商品もありますから、作る商品には感じ良い生活に必要だという根拠もほしいのです。くれぐれも原点を忘れず、マーケットで売れているだとか最近のトレンドだとかいった落とし穴に落ちず、勇気と信念を持って「ものづくり」にこだわりたいと思います。

たまには落とし穴に落ちます。すると、お客様が「何？　これ！　無印らしくないね」と店舗の売場で大きな声で囁いてくれます。反対の場合には「やっぱりあった！　無印に」と大きな声で喜んでくれます。何となくお客様の中にも「無印っぽい」とか、「これは無印じゃないね」といったイメージが広く共有されはじめています。

以前、ロンドンの街を一緒に歩いていたイギリス人のデザイナーがあるビルを指さしながら「あのビルはとてもMUJIっぽいね」と話をしてくれたこともありますし、ある時には中国人のデザイナーから「自分のほしいペンセットがなく、自分でデザインして製品にしたいと思い友人に見せたら皆に『MUJIのコピーみたい』と言われた。これ、MUJIで売ってくれませんか」とその人の作品を見せられたこともありました。

「MUJIっぽい」「MUJIっぽくない」。こうした「らしさ」のイメージが世界に拡がっていることを嬉しく思いますが、思うのと行うのには大きな差があります。「何が良い品か」という問いへの答えは簡単なようで難しいことですが、探究あるのみです。

MUJIが生まれる言葉 22

省き、簡素化することで魅力を創る（I）

「わけあって、安い。」「しゃけは全身しゃけなんだ。」「愛は飾らない。」といった、無印良品の初期段階での小池一子さんの率直かつ秀逸なコピーは、グラフィック全体の佇まいと相まって、これらの商品群が意図する考え方を、感度の高い生活者に突き刺していきました。

同時に社内の商品開発担当者にもおぼろげだった「無印良品という意図」を理解させ、まるで小池さんのコピーと、それを見て発想を得た商品開発担当者との掛け合いのようにして商品領域が拡大し始めました。

無印良品の成長における方程式も一般的な発想とは逆で、当初から「最良の生活者」が居ることを信じ、ターゲットとし、その「最良の生活者」が選び取るであろう方向で商品をつくることを考えていたので、お客様の数を増やすとか客層を拡げようとかいう手法はまったくとらずに、「最良の生活者」であるお客様に対応する商品領域の拡大と展開店舗エリアの拡大といった成長戦略がとられました。

この頃の無印良品は「マイナスの美学」とも言われていました。省き、簡素化することで、どのような魅力や価値観を提示したかについて次ページ以降に記しておきます。

①「商品価値の転換」

無印良品では、商品の機能を限定し、余計な付加価値は一切排除しながらモノの本質的な価値を再定義しています。

自転車は典型的な例です。この頃は子ども用自転車にすら一〇段変速ギアや方向指示器、スピードメーターなどが搭載されており、大人用自転車もファッション自転車などという呼び名に人気が集まっていた時代でした。

しかし、足代わりとしてみた場合の自転車には、そんなにたくさんの付属品は要らない。買い物に使わない人にはカゴは不必要だし、雨の日に乗らない人には泥よけは要らない。極端な急坂があったり、ツーリングをしたりしなければ変速ギアは要らない。

つまり、自転車が自転車として走るのに必要なのは、本体とベルとリフレクターだけなのです。これで今まで自転車だと思っていたものが、実は自転車＋αであったことに気付くのです。しかもそれは、本当に良い意味での＋αではなく、むしろ「余計なお世話」だったとさえ言えます。良い意味での＋αとはユーザー毎に違うので、付属品を別売りにすることで良い意味での＋αについてはお客様に委ねたのです。

その他、自転車以外でも「本体とパーツ」という発想は、布団やクッション、ソファやベッドなどでも同じです。

他にも、包装の簡略化の例としては、液体を入れる容器の統一が挙げられます。家事に必要な洗剤や柔軟剤などの液体容器は、ラベル表示さえしっかりしていれば、統一したほうがコストも見た目もすっきりと収納できます。再生紙を利用したラベルにユーザーが書き入れる仕組みにしました。

このほか、蒲鉾《かまぼこ》からは板を外してしまう、パンティストッキングの見栄えを良くするための高温セットの工程を省く、選別の工程を省いてわれわれ椎茸のように多少規格外でも本来の価値に影響のないものは商品とする、ティッシュペーパーは半晒《ざら》しで白くする工程を減らすといったことなどに着手してきました。ティッシュペーパーについては、数百枚を箱に入れ、それを五箱セットで売るのが主流でしたが、外箱を省きティッシュペーパーを裸で数百枚まとめ、それら五つと、一つだけ折りたたまれた再生紙クラフトの外箱をセットにして販売しました。

時代的に買う側の意識は「安かろう悪かろう」を敬遠し、「少々高くても品質が良い」ものへと移行していました。ただ、多くのメーカーはその「少々高くても品質が良い」イコール「付加価値が多いから少々お高い」と解釈していました。その中で無印良品は、その付加価値が本当の意味で有益なのかを考え、「付加価値が多いから少々お高い」というメーカー側の商品価値を否定し、「付加価値がないから安い」価値への転換を提示したのです。

②「省くが使い勝手は優先する」

一つの商品を多機能化するより、それが持つ本来の機能を十分に発揮できるようにするほうが本当は使い勝手がいいと考えています。

たとえば、ホテル仕様の毛布、産業用の容器や特殊な素材。業務用として使われてきたこれらを家庭用に転用する視点でつくられた商品は、家庭用であっても保温性や保管機能といったことは重要視しながら、業務用であるために家庭用に施されている「売れるための付加価値や装飾」は一切ない半製品の表情を持っていました。

無印良品には無塗装の木や、生成りの布、本体だけの自転車のような、ユーザーが購入後に手を加えられる余白を残し、使い手が自分の個性を発揮できる半製品的な仕様が多くあります。このことは、全自動化や多機能化といったメーカー側の競争やシェア争いによる付加価値の一人歩きに対する批評でもあります。

半製品的になるまでに無駄を省くことで、「目立たせたくないものを目立たなくする」効果も生まれました。再生紙クラフトのゴキブリ取りやノート、ティッシュボックス、流行のキャラクタープリントを省いたスチール缶のゴミ箱などがその例です。これは、従来メーカーが店頭で他社製品より目立たせるために行っていた各種デザインが生活の中では困ってしまうという認識に対し、無印良品が貢献できたことの一つだと思います。

③「ツルツル、ピカピカ、から皮膚感覚へ」

ラベルにしろ商品にしろ、当初から再生紙は無印良品の顔つきです。田中一光さんがデザインしたエンジ色と再生紙の表情は四〇年近く経った今も色あせません。再生紙の茶色い、ザラザラとした感覚は、無印良品の商品の表情や店舗の空間デザイン・BGMやポスターなどにも同じ表情を創りだすデザインとして綿密に施されています。

田中一光さんを中心としたアドバイザリーボードメンバーのチーム力とクリエーションの賜物です。カラーリングやラミネート、ビニールコーティング、メタリック、フェイクマテリアルなどのイメージが街や生活に浸透し、高度経済成長の中で「豊かさ」として追い求められてきた、ツルツル、ピカピカの都市の中で、知らず知らずのうちに疲れていた人々にとって、茶色がかった色、無着色、生成り、ザラザラ、ゴツゴツ、不揃い、イビツといったイメージは、新鮮な懐かしさや、人間としての皮膚感覚から無意識に心地よさ、居心地の良さを感じさせました。

迷い込んだ「無印良品」の店舗は、さながら知らない街の市場にでも入ったような空間です。静かな音楽が流れ、茶色くてザラザラ、ゴツゴツとした表情の商品が媚びることなく並んでいる。来店したお客様は商品のなりたちや商品価値の転換を意味する説明の書かれたタグを読み、「なるほど」「従来の商品知識は違っていたかなぁ」と思ったり、スーパーのバーゲンの安さとは一味違った安さにちょっと笑顔になったりして帰られていたような気がします。

つまり、従来は売り手が考え出していた「商品＋α」といった常識を生活者の視点から考え直し、省き簡素化することで魅力を創る本質的な「商品マイナスα」を見つけたのです。

商品名にも押し付けがないようにしています。たとえば「脚付マットレス」。ベッドだけでなくソファとしても使える脚の高さにし、〇〇ベッドと言ってしまったら使い方を押し付けてしまうと考え、「脚付マットレス」と名付けました。先述したスチール缶のゴミ箱もゴミ箱とは言わずに「スチール缶　大・小」としました。


あらゆる面で売る側の都合でなく買う側の論理を優先した商品群は、ノンセックス・ノンエイジ・ノンクラスター商品です。使い方にも押し付けが無く自由であり、あくまでも生活の素材としての立場を崩しません。だからこそ、これらの商品群は、使う人によって生きも死にもするわけで、その意味においてのみ、お客様を選んでしまいます。

現在でも無印良品の骨格は「省き簡素化することで魅力を創る」ことを基本としていますが、流通技術や業態の進化の中で、商品開発の手法や取り組むテーマの強弱は時代に合わせて変わっていきます。

MUJIが生まれる言葉 23

まずは自分にマーケティング

「自分にマーケティング」、この言葉は私たちの商品開発において基本中の基本です。簡単なことです。商品開発は「等身大の自分の生活をより良く美しく整えたい」という願望に対して行われるわけですから、それは特別なことではなく、自分自身の日常を考えることです。別に火星まで飛んでいくロケットを開発しろとか、頭の良くなる薬を開発しろとか、そんなことを要求されているわけではありません。

ただし、世界には収入や趣味、年齢や家族構成、価値観、好きな色もまったく違う人々が暮らしていますので、それらにとらわれすぎると、「等身大の自分の生活をより良く美しく整え」ることも、比較的に難しくなってしまいます。ロケットを造ったほうが楽かもしれません。

ですから話を難しくせずに、「自分にマーケティング」すればいい。無印良品の商品開発が「楽」なのは、目指す価値観や生活が見えているからです。同様に一〇〇円ショップの商品開発もシンプルです。見るもの、欲しいもの、すべてを一〇〇円で売ることはできないかなと考えればいいからです。それを実現するプロセスや経営戦略は難しいと思いますが、開発の視点としてはわかりやすい。

今では主力商品として大きく成長した無印良品の掃除用品シリーズは、元は一本の木柄《もくえ》のシュロ箒でした。三〇〇円くらいだったと思います。使用しているうちにシュロの部分はだいぶ減っていってしまいます。その部分は、箒を立てかけておいたために曲がってもしまい、結局捨てるはめになる。ですが木の柄はしっかりしていますし、柄とシュロはしっかりした三角形のトタンと針金で固定されていて、捨てるのが何だか後ろめたくなりました。

「シュロの部分だけ交換できればなぁ……」。これが始まりです。消耗する部分だけを取り替えたいという発想が、一本の柄に何種類もの用途や機能を持たせる発想に拡がり、現在のシリーズの構想が生まれました。

無印良品の代表的な商品群である収納用品はモジュール化（それぞれの製品のサイズを予め決めた規則性の中で展開）しています。

モジュール化のきっかけは、私が自宅の無印良品の棚に入るだろうと買って帰った収納の箱がぴったり納まらなかったことでした。棚一段に箱を横に三つ並べようとしたのですが、なんと二センチだけオーバーし、箱は二つしか入らなかったのです。半端で間の抜けた空間と、入らずに無駄になってしまった箱一つに「コノヤロー」と思いました。これをきっかけにモジュール化が始まり、ノートやスプーン、シャツをしまう箱、それらの箱をしまう棚、棚の大きさに合わせた冷蔵庫や電子レンジ、そしてそれらにつながる家までモジュール化が拡がりました。

「引き算のデザイン」。生活者視点で売るための装飾、過剰さなど無駄な要素はどんどん省いてしまうわけですから、商品は何だか特徴も無い「水のような、空気のような」表情に結果として導かれます。よくいろいろな国で「どうしてMUJIは嗜好性の異なる国々で同じ商品を販売できているのですか?」ときかれます。答えは「水」を売っているからです。この「水」について見事に表現してくださった原研哉さんの言葉を紹介します。

「無印良品は水のようでありたいと思います。水は穏やかで、不可欠で、いつも人の傍らにあり、憩いと潤いを提供します。酒のような華やかさはなく、香水のように人々を魅了することはありませんが、純粋であり続けることで、全ての人々の普通の健やかさを保証し続けます。穏やかな水は、年月を重ねることで、山をも削り、時には大きな自然の力の現れとして岩をも砕く力を発揮します。そのような力を秘めながら、あくまで悠々と、世界の隅々へ、人々の求める場所に、広がって行きたいと考えています。」

MUJIが生まれる言葉24

そしてオブザベーション

「自分にマーケティング」をしたら、次は「オブザベーション」を行います。

オブザベーションとは私たちの仮説を、他の人の生活を観察することでさらに考え、整理することです。社員の家庭だけでなく、お客様の家にお邪魔させていただくこともあります。申し訳ないのですが、できるだけ、まんまの状態を見せていただき、たくさん写真におさめます。それらをあとからじっくりと観察しながら、私たちの仮説を他の視点から検証したり、新たな不満や矛盾点を見つけたりして、解決策を整理していく作業がオブザベーションです。

この作業は順番がとても大切で、いきなりオブザベーションを始めたり、データを探したりしてはダメで、まず、自分にマーケティングをし、仮説から始めなくてはいけません。何事に対しても、です。そうでない仕事を見つけると「バックミラーを見て仕事をするんじゃねぇ、ヘッドライトを点《つ》けろ！」とついつい優しく言ってしまいます。

ほとんどの商品開発にオブザベーションは必須です。観察から生まれた商品開発の一例を記します。

バスルームには色とりどりの、様々な形のボトルが並んでいます。これらの色とサイズが揃ったらすっきりする。そう考えてつくったのがPET詰替ボトルです。

数が限られたコンセントには、電源をとりたいもの、充電をしたいものが集中します。その混乱を収めたい。そう考えてつくったのがジョイントタップです。

洗面所にわずかしかない棚は、小物で溢れかえっています。好きなだけ棚を増やせたら、整理整頓が楽になるはずです。そう考えてつくったのが、壁に付けられる家具です。収納にも飾り棚にも使えます。

小さなお子さんが自分で新しいことができるようになることは本人にも親にも大変嬉しいことです。そう考えてつくったのが、ボタンの色を上から交互に変えたことで、お子さんが一人で着替えやすくなるお着替えパジャマです。

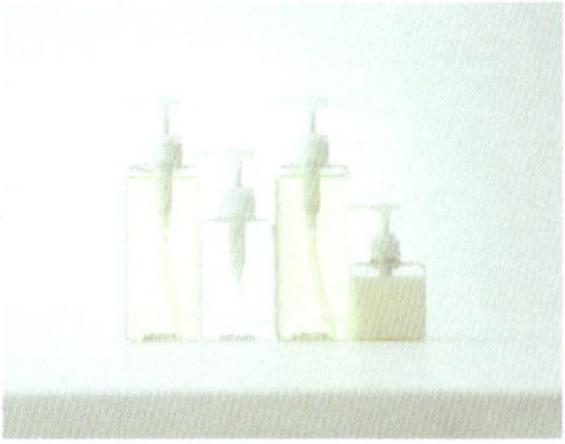

MUJIが生まれる言葉25

省き、簡素化することで魅力を創る（Ⅱ）

『なるほど！』と多くの人々に共感・納得していただける視点と理由を持った、明晰で自信に満ちた『これでいい』を表現する」。二〇〇三年、雑談から浮かび上がったこの新しいビジョンから第二段階の「簡素化の魅力」を展開していきました。

この頃、衣服・雑貨の改革のために、アドバイザリーボードの杉本貴志さんから親友であるデザイナーの山本耀司さんを紹介していただきました。「YOHJIを選んだ。YOHJIには思想性の〃かたさ〃がある」と杉本さんは言われました。

山本耀司さんは「無印良品はヨーロッパからロイヤリティを取ってこられるのか」ときききながら、「日本のファッションはずーっとヨーロッパにロイヤリティを支払い続けてきた。無印良品であればそれが出来るならやる」と言ったのです。

「無印良品は安いのではなく、高くない。今、必要なのは『これが無印良品なんだ』を出していくこと。やってみないとわからないが、一歩ではあると思う」とも言われました。

このような会話がかわされたのは、二〇〇二年の春、東京・三宿にある杉本さんが経営されている春秋というレストランでのことでした。その後、無印良品の衣料品スタッフが大切にしてきたタイのスコータイコットンやムラ糸などのこだわり素材に

YOHJI YAMAMOTOのデザインが加わり、当然ながらYOHJI YAMAMOTOというデザイナー名などつかない無印良品として発売され、新しい表情が売場を変えていきました。「シャツの第二ボタンの位置は教えることができない。デザイナーの思考と経験とその時代感で決まる」など、難解なデザインの究極性もこの時に学びました。

深澤さんの壁掛式CDプレーヤーは、無印良品の代表商品として世界で評価され、そのデザインはアフォーダンスデザインとして世界のデザインの潮流ともなりましたが、その深澤さんが、〝生産プロセスの見直しや開示に対する共感・納得〟という段階へと無印良品を導きました。生活者視点から商品を見つめ直し、業界の常識や習慣、メーカー側の売るための付加価値などを省くことで見えた本質を捉え、生活や生活者の、朝起きて、歯を磨いて、朝食を食べる、そんな暮らしの営みの断片をひたすら眺め、観察し、生活者の無意識の領域にまで目を凝らす。そして、そこに盛り込むことのできる一片の工夫を探り当て、日々の何気ない日常の再発見という新鮮さと快適さを提供する、いわば〝生活のプロセスの発見やヒントといった、簡素であるがクリエイティブな共感と納得〟を価値とした段階へと移行したのです。

社内で「なるほど！無印」と呼んだ商品開発からは「しるしのつけられる傘」「アルミ壁面用ハンガー」「吊して使える洗面用具ケース」「足なり直角靴下」「カップ入りキャミソール」「アクリル冷水筒」「えらべるパジャマ」「その次があるバスタオル」「お着替えパジャマ」「首のチクチクをおさえた洗えるタートルネックセーター」などなど、たくさんのヒット商品が生まれました。

デザイナーとの仕事が増えたことで、「デザインする」あるいは「デザインされた」商品の構成が増えすぎることを危惧し、無印良品の本来の姿ともいえる「見つける」「探し出す」商品開発の強化も行いました。「Found MUJI」と呼ばれるこの商品開発も深澤さんを中心としたプロジェクトとして、地域ごとの開発や展覧会を行い、世界の現地法人のメンバーが商品開発や発表に参加するという効果も得ることができました。

二〇一一年の東日本大震災後は、「もの八分目・Product fitness80」というコンセプトで、もう一段、資源や工程・包装の無駄を点検する取り組みを行いました。きっかけは、以前 World MUJI プロジェクトに参加してくださったプロダクトデザイナーの安積朋子さんのブログでした。

足なり直角靴下

履きやすさ、ずれにくさを考えるうちにチェコのおばあちゃんが自然と編みあげた形。それはかかとに沿った直角の靴下でした。履き心地の違いを体感してください。

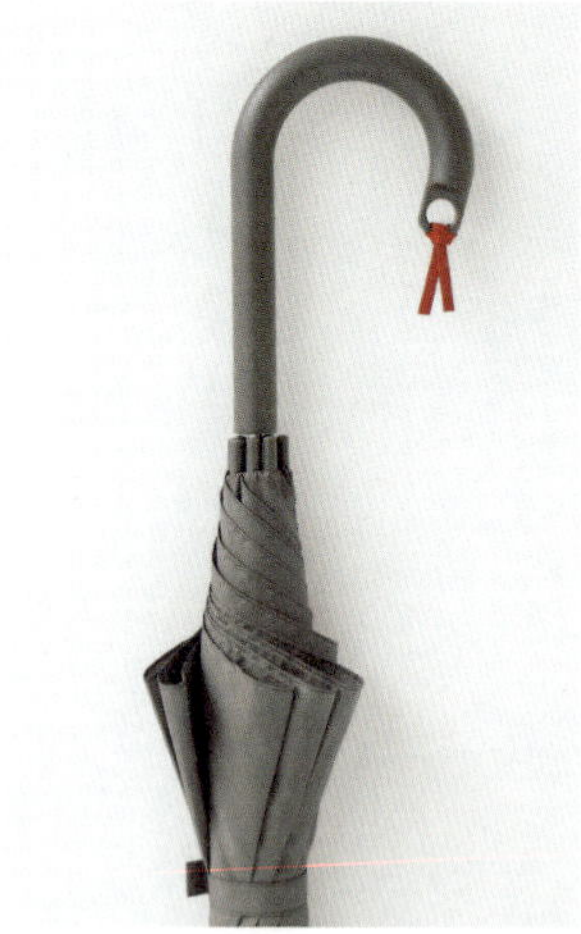

しるしのつけられる傘

似たような色、姿の傘たちは、誰のものともわからず、忘れ去られています。「これは私の大切な傘です」。そう想ってもらえるように穴をあけました。

壁掛式CDプレーヤー

さて、音楽を聴くぞ。と気合いを入れてCDをかけるのではなく、歌を口ずさむように自然に音楽が流れていたら…。そんな、暮らしがはじまる壁掛けCDプレーヤーをつくりました。紐のスイッチを引くだけの動作でオン、オフが可能。廊下や洗面所、トイレなど今まで音楽が流れなかった場所にも音がこだまします。

カップ入りキャミソール

休みの日くらい、胸をのびのびさせたい。そんな女性の本音を形にしたカップ入りキャミソールをつくりました。家で過ごす日やちょっと近くまで出かけるのにぴったりな休息アイテムです。

アクリル冷水筒

飲み物は、こぼれるからタテにしまう。冷蔵庫内の常識を涼しい顔で打ち破る使いやすいお茶ポットの登場です。口が広くて洗いやすく、残らず注げます。

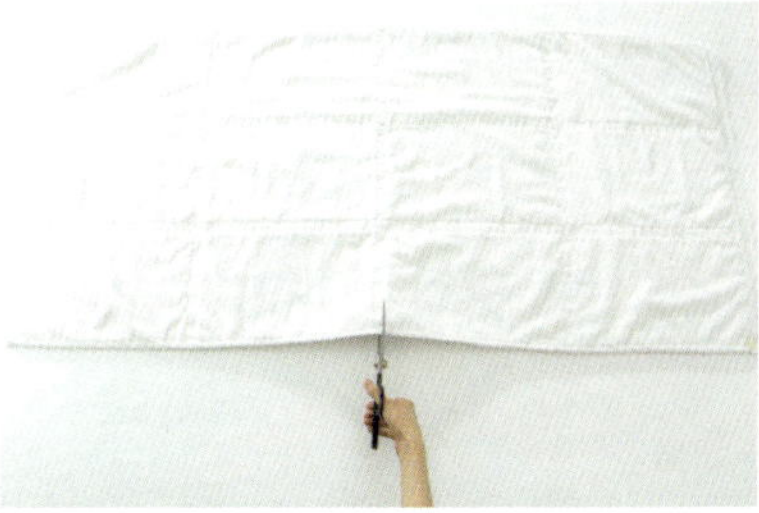

その次があるバスタオル

古びたものも大切に最後まで使い切る昔の知恵に学びました。縦横に地織りを走らせて、パイル地を分割しているのでハサミを入れてもほつれないのが特長。使い古したタオルはラインに沿って切るだけでバスマットや雑巾などに再利用できます。

アルミ壁面用ハンガー

部屋干しに悩みはつきもの。ハンガーの傾きで乾きにくかったり、しわになったり。半円のハンガーなら壁やポールにすっきりとかけられ、苛立ちません。

落ちワタふきん

糸をつくる工程の中で、取り除かれた落ちワタを活かしてふきんをつくりました。漂白をせず、ざっくりと織り上げたので、素材そのままの風合いが楽しめます。もちろん吸水性も抜群。「もったいない」から生まれた製品です。

《わたしはスタジオでもお香を焚くし、自宅での夕飯はキャンドルの灯りで食べるのでマッチは日常の必需品です。そのマッチの、頭の部分が小さくなっているる?と思い始めたのは2年ぐらい前だったと思う。それが、あっと言う間にどんどん小さくなり、最近のはこんな感じです。

（※三種類のマッチが並べられた写真が掲載されている。次ページ。編集部注）

比較すると分かりやすい。左は15年ぐらい前のマッチ。真ん中が4年前ぐらい。右がごく最近のものです。この変化に、考えさせられました。低価格競争が広がり、今まではあまり考えずに使っていた頭薬の原料すら、切りつめないと原価割れを起こすようなことが現場で起こっているのではないか。買い付ける側が値切りに値切った結果、製造元で「これでは儲けが少ないから、この素材を少なめに付けてみる?」ということになり、試作したらこれでもちゃんと火が点いた。そうやって低価格を実現し取引を勝ち取った会社を見習い、他社も頭を小さくしていく。そしてこの頭が今のスタンダードになったのかもしれない。

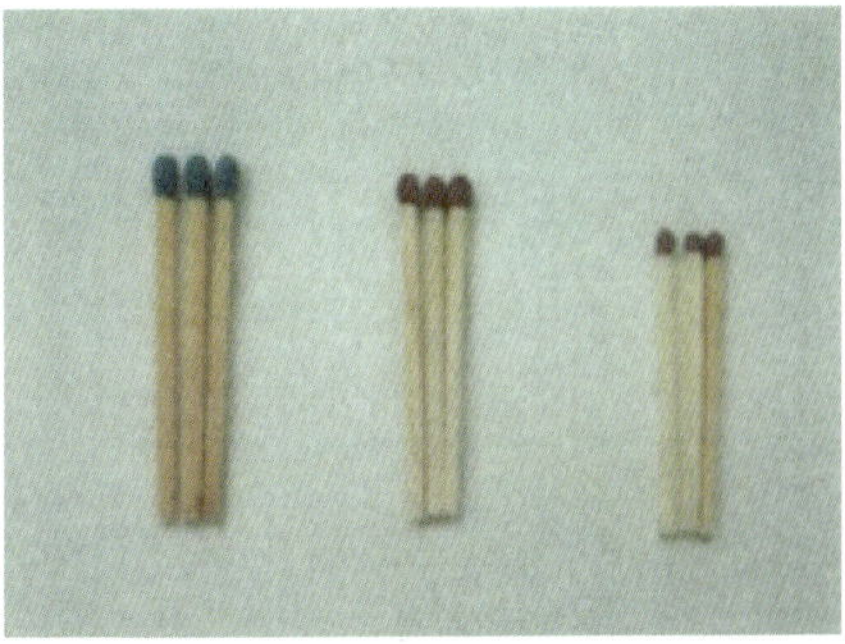

使い比べてみると、頭薬が小さいぶん発火の炎が短いので、気をつけて柄の部分に火を移さないといけないけれど、すぐに慣れて不便は感じない。そうか、今まではマッチが発明されて以来の長い年月のことを考えてしまうほど余分な材料を炎にして燃やしていたのか、、、と、マッチがこれから標準になって、もう大きな頭のマッチを見ることはないのだろうな、これからはそんな社会に生きていくのだろうな、と。》

（TOMOKO AZUMI ブログ「-huggable」より）

このブログをアドバイザリーボードメンバーとの雑談の中で紹介すると、皆さん共感され、もう一度商品の総点検を行うプロジェクトをスタートしようとなりました。

MUJIが生まれる言葉26

無意識の意識を探せ！

これは、無印良品のアドバイザリーボードメンバーでもあるプロダクトデザイナーの深澤直人さんの天才的得意技です。

私たち無印良品の開発メンバーが「MUJI のお勉強会」と称した場で、オブザベーションと共に教えていただいている手法の一つで、無印良品の目指すあきらめや我慢のない明晰で自信に満ちた「これでいい」を表現する、大変クリエイティブな要素の一つにもなっています。

たとえば、黒く四角い鉄製のパイプでできた柵の上に置き去りにされた牛乳パックがあります。置いてみた瞬間、あまりにもサイズがぴったりだったために、思わず持つ手が離れてしまった。

駅前の放置自転車のカゴの中に、飲み終えたコーヒー缶や丸めた紙屑などが投げ込まれています。自転車のカゴと公園にあるようなゴミ入れとが、無意識のうちにリンクしてしまい、ついつい投げ込んでしまった。

傘立てのない場所に傘を置こうとすると、無意識に床のタイルの溝に傘の先端を合わせて置きます。それならば、玄関に傘立てを置かず、溝を一本掘っておけばいい。

このようにオブザベーションを鍛えると、人々の無意識の意識を見出すことができ

傘の先をタイルの目地に入れて壁に立てかけることから発想した
溝だけの傘立て

ます。それを商品に盛り込むと、作り手と使い手がその意味を共有し、少し「くすっ」としてしまうような魅力が生まれます。ただし、以前、深澤さんの住まいに伺ったとき、玄関に一本も溝がなかったことは少しショックでした。

このような勉強会の延長として、オフィスを出て、そこにあるモノの気持ちになってみる、その名も「愛のバッドデザイン」というワークショップも清水久和さんと行いました。モノの気持ちを想像して商品化を目指す試みです。その一例を次々ページから紹介します。

四角い牛乳パックが同じサイズの柵の棒の上に置かれている状況

自転車のカゴにゴミが捨てられている状況

ロケットペンシル

「年寄りの言う事なんかきいてられるか！」

最初は尖っていた新入社員も社会の荒波にもまれて丸くなる頃には
若者達の後押しをする立場となる。

「この失敗を次の成功の為に活かしてほしい」

志なかばで折れてしまったものも、
その経験が次の世代の足掛かりとなるだろう。

「俺はまだ一度も表舞台に立ってないな」

そう呟く中間管理職のあなたこそ、会社の要なのです。

各々の個性は様々だが、一人欠けてもこの組織は成り立たないのだ。

しかしながら団結力は強いが、完全縦社会のこの組織は現代において、
もはや見る影も無い。

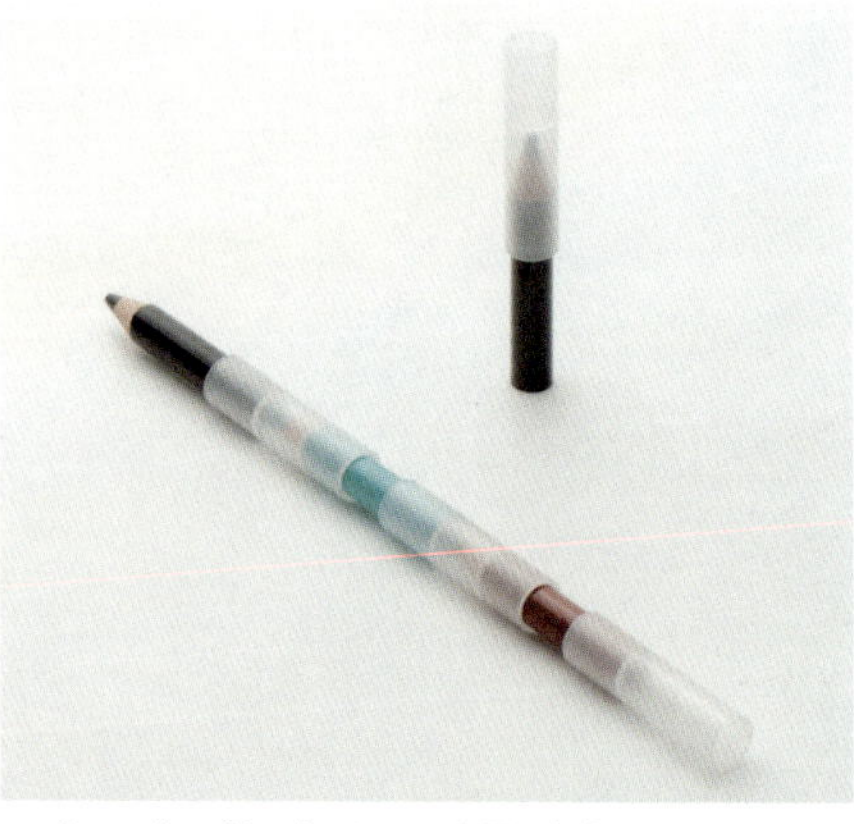

ロケットペンシルアイライナー

のぼりスタンド

店先で誇らしげに風になびくのぼりを、ただひたすら支え続ける私たち。
お店が閉まった後に、のぼりはきちんと片付けてもらえるのに、
道端に置きっ放しにされる事もしばしば。
それでも文句ひとつ言わずに支え続けます。
見た目はスカスカで軽そうなのに、どっしりと重いその力の源は、
体一杯にたっぷり含んだ水だけど、
はたしてその水をいつ入れてもらったかは記憶の彼方。
中はいったいどうなっていることやら。
とにかく忘れられがちの私たちですが、
上に立っている色とりどりののぼりたちに負けじとがんばっています。
変身可能な戦隊系から、ぷっくりとしたふくよか系まで、実は色々あるんです。
でも主役は上で立っている方なんだから、
そんなにがんばらなくてもいいのでは？と言われても気にしません。
ひたすら支え続けます。
さて、明日はどんなヤツを支えようか？

ポータブルプレーヤー用スピーカー

MUJIが生まれる言葉 27

手の痕跡のあるものづくり

機械化以前、商品には手の痕跡がありました。それが誰の手でつくられたかは商品を見ればわかりました。そこに人を感じていたのです。二〇世紀にはそれが失われました。モダニズムが「機械により大量生産してコストを下げ、多くの人々に行き渡らせようとする」ものだったからです。当然、無印良品もその概念の中に存在していますが、それに対する反感も内包しながら、そうではないもの、その途中で忘れてきてしまった大切なものを引き返して取りに行く商品開発も行っています。

無印良品の発想の基本は作るよりもまず「探す、見つけ出す」ことです。「Found MUJI」とは、元々あった商品開発の一部の手法を、より明確に行おうとつけたプロジェクト名です。改めて多様な文化や伝統、素材や技術を尊重し、探し出し、現在の私たちの生活に取り込むことで、私たち自身が発展の途中で置き忘れてきた大切なものや、ことを思い出そうという試みです。

地域文化の大切さを知ること、一方向からだけのグローバル化ではないグローバル化への期待、分断された作り手と使い手との関係性、生産者や自然への配慮、私たちの生活への潤いなど、この試みの効果は大きいと思います。同時にそれらをつくれる人や技術、産地が無くなってしまうことへの焦りも感じます。これから社内ではできるだけコンチネンタルスタイルではない世界の様々な地域の衣服を纏《まと》い仕事をするメンバーを集め社内運動を強化していきます。

Found MUJIの一つである「日本の布」をはじめとしたテキスタイルに関しては、アドバイザリーボードメンバーの須藤玲子さんが中心になって取り組んでいます。須藤さんは大変長く日本の繊維産地を歩いてきたので、各地域の織りや染めの技術を熟知しています。明治、大正、昭和の初期までは日本の基幹産業であった繊維産業はどんどん縮小の一途をたどり、技術の継承もままならない状況にある中で、懸命に産地のために働いてきたデザイナーです。

Found MUJIで行っているのは、商品部の若いメンバーと共に産地に入って日本の多彩な布を現在の生活に見立てる作業です。神業のように手元から生まれる伝統の技から他に類を見ないハイテク技術による素材まで、日本の布の豊かな表情は長い歴史と文化の賜物です。須藤さんを中心としたチームがつくり、自らも着ている夏の浴衣などは大変魅力的ですぐに完売してしまいます。須藤さんの素敵なところは、頼まれたら、「NO！」とは言わないところ。現在はネパール、インド、ブータン、タイなどなど、世界の布のFoundを企画中です。

須藤さんの言葉に「布、色と間」というのがあり、ご紹介すると、

「糸状の素材を組み合わせ組織し、布をつくります。素材には素材の色があり、それらをそのまま使うと、光と混ぜ合わせたように色は白になります。布は素材を組む密度も肝心です。それは素材と素材の間であり隙間です。農作業では作物に光、風、水の通り道をつくるため間引きをします。この『間』『隙』『透き』は『鋤き』に通じると言われています。布づくりも農作業に似て『鋤き』を繰り返し、光、風、水を透す『間』をつくる作業のように思います」

これを読んで私はまさに企業の組織づくりと一緒だと思いました。

いつもちょっとしたことや出会いが。

商品開発にはちょっとしたことや出会いが大切だと思います。

その偶然に後になって驚くこともしばしばです。深澤直人さんとの出会いもそうでした。デザイナーのティム・トゥーミーに誘われ、深澤さんが日本で初めて行ったワークショップ「WITHOUT THOUGHT」を訪れたことがきっかけです。もしあの時に誘いを断っていたら「壁掛式CDプレーヤー」はこの世に生まれなかったでしょう。

北村俊道さんが発案した「じぶんでつくる紙管こどもイス」も、九州出張時に宿泊したホテルで読んだ新聞に小さく紹介されていたのを見つけたのがきっかけです。私は気になると「すぐに会いに行ってしまう」性格なのですが、時にはそんな行動力も必要だと思います。会いに行くときには、すでにその商品が販売され売れているイメージや、売価、数量までが頭の中に浮かんでいます。ですから、お会いすると話がトントン進みます。実際には、その後最低一年くらいは商品化のためのプロセスが必要となりますが、最初に結論を共有しているのでたいていは何とかなってしまいます。

「足なり直角靴下」もそうです。以前、西武百貨店の商品科学研究所に野中公子さんという方がいました。野中さんとは、大学の講義で無印良品の話をしてほしいと依頼されたことが縁で知り合いました。その野中さんのお嬢さんが東欧のチェコの方と結婚され、野中さん自身も一カ月近くチェコに滞在されました。野中さんはその一カ月間のできごとをブログで紹介していました。日本の便利さに慣れた野中ファミリーにとってチェコでの滞在には不便なことも多かったようですが、日本では失ってしまった人と人との関係、毎日の手作りの食事の楽しさなどもあったようです。どの記述も興味深かったのですが、食事の写真はとりわけ興味深く、野中さんの帰国後、社内の食品部メンバーを前に、チェコの食について二時間あまり話をしてもらいました。

その日の別れ際、「あっ！　そういえば」と何だか見慣れない靴下を見せてくれました。「チェコのおばあちゃんが手編みで作ってくれたものだけど、毛糸でできていて温かくて、履いていてもぜんぜんずり落ちてこないの」といいます。見慣れないのは、かかとが直角だからでした。また、全体は羊毛ですが伸びてしまうのを防ぐためにところどころに撚糸を縫い込んであります。その靴下には、おばあちゃんの優しさや温かさが詰まっていてとても魅力を感じました。その靴下がきっかけとなり、今では無印良品の靴下はすべてが直角です。

しかし、「足なり直角靴下」の商品化には二～三年かかりました。母から娘へと受け継がれてきた手編みの靴下ですから、当然、図面などあるわけもなく、作り方がわからない。私たちはチェコからおばあちゃんに日本へ来てもらい、ビデオカメラの前で靴下を編んでもらうことから始めました。工場で編むまでには、さらに多くの方にご協力をいただきながら、やっとずり落ちづらい「足なり直角靴下」が誕生したのです。

後から調べてみると、現在のようなかかと部分が一二〇度になっている靴下は、一〇〇年以上前にイギリスの工場で生まれたそうです。当時の技術では九〇度に編み上げることは困難で、結果として一二〇度になったのです。それより前の手作りの時代には、日本の足袋を含め、人間が履く靴下は直角でした。人間の足の形からすると当然のことだと思います。

これからも「ちょっとしたことや出会い」を大切にしていきます。一人の人間が得ることのできる情報や出会える人の人数は限られています。だからこそ、そのような出会いをある種「運命かな⁉」と思って常に前向きに捉え、考えたら良いと思います。

まずはポジティブに妄想すべきです。とは言え、すべてがうまくいくはずもありませんし、無駄になることも当然ありますが、判断はその瞬間瞬間でしていくしかありません。そういった意味では私も大切な出会いを見逃したり、妄想する力が足りなかったりしたこともあったと思います。その時に出会った方、本当にゴメンなさい。

想いがあればアイデアは降ってくる

無印良品は、優れた才能を持つ多くのデザイナーやクリエーターの皆様に見識やアイデアをいただきながら、商品開発をはじめとする事業をすすめています。皆さんはとても多忙で、一秒の隙間も無いようなスケジュールで世界中を飛び回って働いています。社内では「忙しすぎてアイデアが出ない」という声も聞きますが、忙しさでは圧倒的に、助けていただいているデザイナーやクリエーターの皆様のほうが上回っています。

しかし、彼らは常に想いを持って考えています。そしていろいろな人と会い、いろいろな街を見て、いろいろな情報に直に触れています。ですから私たちも、作業を無くしたり、減らす努力をしながら外へ出掛けて、より多くの情報に触れることを心がけるべきです。そうして自分のやりたいことをいろいろな人に話しているうちに、自分自身のやりたいことが整理され、やり方が浮かんできたりするのです。想いがあれば三年前にイタリアで聞いた「H」という話と、一年前に新聞で読んだ「2」という話と、今日中国で耳にした「O《オー》」という話が突然つながって「あ！　そうだ、水だ！」というようにアイデアは降ってくるのだと思います。

だからいつも考えています。お風呂でもトイレでも、寝ていても。さすがに寝ながらアイデアを出せるのは倉俣史朗さん（日本を代表するインテリア・デザイナー）くらいのレベルに達しないとできないと思いますが、そんなふうにいつもいつも考えている。私の場合にはただただ歩くとか、ただただ煙草を吸うとか、そんなふうに何も考えようとしないボーッとした時間に、アイデアがまた突然降ってくるなんてこともあります。

MUJIが生まれる言葉 30

無は是れ無に非ず即ち是れ無なり

私はこの言葉をよく、天動説と地動説に置き換えて使います。

発想はとかく天動説的になりがちです。自分たちの商品からマーケットを見てしまいがちなのです。だからこそ地動説的に、つまりマーケット側から自分たちや商品を見てみることがとても重要です。マーケットから、または、多くのお客様から見たときに、私たちが思ったり考えたりしていることが本当に有益で大切なことなのか、一度、視点を変えて冷静に見る必要があるのです。

社内には、会長や社長が右と言ったら、ほかの参加者は「左ではないですか」と言わなければならない会議が二つほどあります。なかなか「左ではないですか」と言ってもらえない場合には、自分から言うなど若干苦労していますが、本当に正しい判断を行うためには、右と言われたら左と言ってみるのは、大変役に立つ思考パターンだと思います。

たとえば、どうしても企業や組織では「効率が良いこと」「生産性が高いこと」「利益率が高いこと」が善とされますが、会社の、あるいは店舗のすべてをその考えから積み上げてしまうと、とんでもないことになります。効率だけを考えると豊かさがなくなるのです。

全体や全社から考える、お客様から考えるといった習慣が大切です。非効率でも皆さんに喜んでいただけるならば、ダイナミックにやったほうが全体は良くなると思います。

無印良品のコピーにも似たような言葉が多くあります。

「デザインしないデザイン」「無作為の作為」「なにもないがすべてがある」「平凡な非凡」「どこにでもあるけど、どこにもないもの」などなど。わかったようでわからないのですが、むしろ気持ちは伝わります。

ちなみに、「地球にやさしくしよう!」という言葉は傲慢な人間の天動説に立っています。「地球にやさしくされましょう!」が謙虚な人間の地動説となります。

MUJIが生まれる言葉 31

肝に銘じて残したい「心からのお詫びと猛省」

日頃、お客様と良品計画は、店舗やお客様室を窓口にやりとりをしています。しかしときおり、経営陣に直接、お客様の言葉が届くことがあります。特に一〇年ほど前は、現場の担当者には伝えたけれど経営陣にも念押ししたいと、手紙やファクスがたびたび寄せられました。

圧倒的に多いのは、お叱りの言葉です。

たとえば、商品の品質が低下している、品質管理能力が落ちているのではないかというもの。お買いあげになった商品が不良品であったため、交換をされた方からの指摘です。スタート時から無印良品を快く感じていたというその方からの率直な、そして的を射た指摘を読み、価格は抑えながらも品質を妥協してはならなかったのに、期待を裏切ってしまったことへの反省の念が湧き上がってきました。

イメージが先行しすぎている、デザインが先行しすぎているというお叱りもありました。イメージ先行とは、商品の品質が伴わない広告宣伝のことで、広告宣伝に予算を使っているせいで、品質が低下しているのではないか、ものづくりがおろそかになっているのではないかという疑念を持たせてしまっていました。デザイン先行とは、シンプルであること、格好いいことなど、作る側の論理が最優先されていて、使う側の論理が後回しになっているということで、確かに、その頃の商品を見てみると、そう思われてしまっても仕方のないものがいくつかありました。これについても、反論の余地がなく、反省せざるを得ません。

アイテム数が多すぎるというお叱りには、ハッとさせられました。なぜ、アイテム数が多くてはならないのか。それは、その背景には組織の肥大化があるからです。明晰で自信に満ちた「これでいい」とはほど遠い、「これがいい」「これもいい」「あれもいい」という押しつけがましい提案は、「これでいい」にたどり着くプロセスをサボタージュした結果です。そうして「これでいい」に至るプロセスをお客様に丸投げすると、売れた商品は品切れし、売れなかった商品は廃番となります。お客様が追加購入しようとしても、もうその商品を買えなくなってしまいます。これでは、無印良品がものをつくる意義がない。その事実を突きつけられると、やはり反省するしかありません。

いずれのお叱りも、無印良品には今も生活者の声を聞き、それを誠実に商品に反映する気があるのかという疑問であり、無印良品の存在の根幹が揺らいでいるという指摘でした。

「無印」だからこそ、品質を落としてはならないし、本質を踏み外しては絶対にいけません。猛省した私は、お叱りをいただくたび、役員全員に共有しました。今のような商品開発ならば無印良品を止めてしまおうとも話しました。

あの頃のお叱りの手紙やファクスは、今も私の手元にあります。読み返すたびに、猛省し、お詫びしたいという思いがこみ上げます。近頃はかつてほどお叱りの声が直接届くことはありませんが、それは、お客様の期待に応えられているせいだとは言い切れません。もし愛想を尽かしたお客様がいたとしたら、私たちに何かを伝えたい、変えてほしいとも思わないでしょう。

こうしたことを、私たちは肝に銘じなくてはなりません。企業風土の改善や、教育によって乗り越えるべき問題でもありますが、特に商品開発をするメンバーには、お叱りの手紙やファクスにあったとおり、目先のことにとらわれず、無印良品とは何かという難問に挑み続けてほしいです。

省き、簡素化することで魅力を創る（Ⅲ）

無印良品のものづくりはどこに向かっていくのだろうか？

そう考え、振り返ってみると、無印良品は常に価値の転換によって進んできたことがわかります。それを可能にしてきたのは、もちろん「思想」と「人」なのですが、常に視点が生活者であり、市民である必要があります。

人間はこの地球で、この社会で、どのように振る舞えば良いのかという思考を繰り返し、それらの思考を人と人とが言葉によって収斂《しゅうれん》させていく雑談という名の重要な戦略会議。それを通じて、良品計画の社員は、「無印良品」の資産は答えのない「立場」と「価値観」であると自覚し、常に時代の中でこの答えを自己責任で見出すことを仕事とします。

ざっくりと無印良品の価値の転換を振り返ると、一つ目は「商品の価値」をプロセスから解明し生活者にとって必要な本質だけを提供したことでした。商品の価値を〝そうか！　なるほどね〟と共感・納得できるものへ転換しました。

次は、豪華さや浪費的な暮らしよりも簡素でありながら丁寧で調和のとれた美しい暮らしへと「生活に対する価値」の転換を行いました。生活者自身の日常生活をつぶさに観察し、日常の無意識の意識といったまだ誰も踏み込んでいない空白を見つけ出すことで、何気ない、しかしとても大切な日々の暮らしに〝なるほど、そうだよね〟と納得・共感できる価値を提供したのです。

そして現在、新たな転換点を迎えています。新聞やテレビでIT、AI、IoT、ICTなどの言葉を目にしない日はありません。第四次産業革命といわれるように、情報技術は目覚ましい進歩を遂げ、まさに世界規模の市場競争が始まっています。このデジタル社会ではモノのシェア（共有）という概念も取り入れやすいので、過剰な消費社会やモノ所有社会からの脱出を図るには好都合だともいえます。

しかし、現在の競争を見ていると、どうしても強い違和感を覚えます。マネーを増殖させ、その大資本力により一気に市場を独占しようとする乱暴極まりないビジネスモデルが目に付くからです。たとえば中国におけるライドシェア自転車の市場では、マーケットを独占するための破壊的なプライスによる企業間のつぶし合いにより、街には自転車が山のように溢れてしまっています。

どうも「共有する」という概念と「資本の論理」との相性は合わないのではないかと思います。

現在、そして未来の地球や人間の幸せのために、デジタル技術の進歩を活用していく「ちょうどいい」バランスを考えデザインする必要があります。地球温暖化、水や食料、エネルギーの不足、高齢化社会や格差、紛争問題など、人類が作りだした様々な課題へ対処すること、あるいは私たちの感じ良いくらしに向けて先端技術とのより良い関係性を考えていくことも、重要な仕事だと考えます。

一方で、どんなに時代が進み、技術が進歩しようとも、動物である人間の感情や身体は生身です。私たちの日常生活に「よく食べ、よく歩き、よく眠り、よく掃く」といった人間本来の基本的生活を取り戻していく意識も必要だと思いますし、そのような日常に人々の意識が向かうような生活の価値の転換も私たちの仕事であると考えています。今後、どんなに情報化社会が進もうが、地球上で人々が暮らし、より良い暮らしを探究し続ける限り、人々の願望や新技術はモノの形をおびて流通します。

無印良品が一貫して目指してきたのは、必要な買物に伴う充足感です。普段の買物に、豊かな気分を添えたいと考えてきました。たとえば、昔ながらの市場に足を踏み入れた感じを想像してみてください。モノを通じて人と人とのコミュニケーションが成り立ち、モノと人のかもし出す独特の雰囲気に少し元気を取り戻します。朝採れた地元の野菜や果物、魚介類が思ったよりも安く買えて、おばちゃんに「これ、ちょっと見た目は悪いんだけど、味はいいよ！　持っていきな！」とトマトを2個、おまけしてもらったり。何だか得をした嬉しい気分で家路につく。時代が進むにつれてこのような市場は減少してきましたが、だからこそ無印良品は市場を目指したいと思うのです。無印良品の〝おまけ〟はトマトやモノではなく、「なるほど」「そうだよね」というたものの背景にある考え方やプロセスに対する共感と納得です。提供したいのは、食べ物なら美味しく、使うのであれば役に立つ、着るものなら着心地が良く丈夫であることなど、生活のOS（オペレーションシステム、つまりは基本と普遍）とでもいえる商品群です。

第1章の良品計画の大戦略「役に立つ」で掲げた六つのキーワード（傷ついた地球の再生／多様な文明の再認識／快適・便利追求の再考／新品のツルツル・ピカピカでない美意識／つながりの再構築／よく食べ、眠り、歩き、掃く）は、ものづくりの方向性になります。そして〝おまけ〟としての共感・納得は①「商品価値の転換」、②「生活価値の転換」に続き、次は③「社会価値の転換」となるような気がします。

おそらくは①②③が混在し、商品特性ごとに①であったり②であったりすることで、感じ良い素材としての商品群が形成されるでしょう。それらを生かすも殺すも

「感じ良い商品」「感じ良い売場」「感じ良い情報」「感じ良いプロモーション」「感じ良いサービス」との一貫した取り組みです。

私たちは「現場を主役に据えて大切にし、全員で『良心とクリエイティブ』を実践する風土と仕組みをグローバルに発展させる」を経営の根幹としての合言葉としています。その上でお客様の声や評価をいただき、もまれ、咀嚼し、時に応じて細やかな修正や変更を加えながら少しずつ蓄積させた知恵や思考が生活のＯＳへ向かうのです。

無印良品の魅力とはお客様と共に創る、市民として市民の中から人間としての美しい暮らしを探るプラットフォームなのかもしれません。

MUJIが生まれる言葉33

適正という難問に立ち向かい追求し続ける

最適な製法と最適な品質と価格。この最適な適正が無印良品の信条ですが、これが難しい。何が一〇〇点満点なのかはわからないですし、答え合わせのための正解もありません。自らの良心と探求心と生活者の目で、そのモノの素材の背景から製品までのプロセスを勉強し、教えていただき、店舗の仲間やお客様の声に耳を澄まし、自らの皮膚感覚を鍛えるしかありません。だからといって重圧なんか感じる必要はなく、楽しいと思い込む。思い込めない人はこの仕事には向いていません。その人に向いている仕事をやっていただいたほうが皆のためです。

以前から、私は迷ったときには「これは田中一光さんが使うかな? 買ってくれるかな?」と自問してきましたが、田中さんの言葉にこんな表現がありました。

「無印良品をたとえるなら長距離トラック競技のトップランナー。トップを走っているランナーが周回遅れのランナーを追い抜く瞬間、隣に並ぶでしょう。一瞬、どっちがトップを走っているかわからない。このトップランナーみたいなものだね」。それに対して小池一子さんが「何か、今までモノをどうやってモノ以上のモノに見せるかということをやってきたのが、モノというものは、これ以上のモノじゃないんじゃないかっていうところに返っているのが無印良品の立脚点なんですよね」と、その心を言葉にしてくれています。

価格も難しい。しかし、鉄則は原価から積み上げないことです。生活者としての皮膚感覚で決めること、同時にプロとして売れる数を想像すること。売価と原価との矛盾を無くそうと生産のプロセスを再度点検するのが仕事であり、そこから〝わけ〟が生まれます。

価格に対する発言も様々にあります。たとえば「良い品が安くというのはデザイン論以前の生活者の思想の発露である」「無印は安いんでなく、高くない」「わけあって高いっていう無印もあっていい」……。

適正品質、適正価格とは何か？ その答えを得るには、生活者になること、とってもスマートな「最良の生活者の像」を考えることです。

無印良品の商品領域は広いので、いろいろな商品や場面でいろいろな言葉が出てきます。商品の生活との関わりや使用頻度、使用期間などで自ずと生活者としての願望は違ってきます。ところが、一般的な小売業は高級な店、百貨店、量販店、ディスカウンターといったように業態ごとに品質と価格が設定され、一人の生活者が望む実生活との関わりから考えられた〝適正〟を提示してはいません。

無印良品には適正な品質と価格に向かうための三つの言葉があります。「ずっと良い値。」「こだわりたいね。」「得した値」です。

「ずっと良い値。」は構成比が一番高く、使用頻度も高く日々の生活に密着している中心的な商品群です。生活者の気持ちとしては「良いものをできるだけ安く買いたい」と思うもので、たとえば下着や靴下、普段着、文房具、ハウスウェア、お菓子や飲料などです。

「こだわりたいね。」は「少々高くても良いものを買いたい」と思う商品領域です。永く使うベッドやソファ、家電製品や素材に豊かさを感じる衣服、テキスタイルなどです。

そして「得した値」。使用頻度や消耗頻度も高く「お得感があり、かといってただ安いだけでなく、素材や工程、包装などに工夫があり、安いということに後ろめたさを感じずにたっぷり使いたい」と思われる商品領域です。

無印良品は実生活との関わりから常に〝適正〟を追求し、時代や環境の変化の中で常に〝適正を追求し続けること〟が仕事になります。したがって、無理に必要でない新商品をつくる必要はないですし、安易につくっては廃番にするような商品開発は犯罪です。

正直に誠実に！　深澤さんが言うように「同じ色にできないものを同じ色にしてはいけない」。とても正直な言葉です。木目や木の節は自然のものです。無理に隠す加工は不誠実だと思います。正直で誠実であるが故にどこか破綻があってもそれは良品です。

適正ということを考えるときに、私が心に留めている言葉があります。それは、「水滴のような単純な形も、もっと複雑な敬虔に拝んでいるようなかまきりの形も、それらはすべて構造上無駄をはぶく法則によってできている」（『芸術としてのデザイン』ブルーノ・ムナーリ、小山清男・訳、ダヴィッド社）というものです。イタリアの美術家のこの箴言《しんげん》は、〝必要のない商品〟の開発や、商品に〝過剰な加工〟を施すことを戒めてくれます。

最後に、堤清二さんの発言を加えておきます。「お客様室はお客様から苦情やお叱りをいただいてそれを解決していくことだと思っていたらそれは大きな間違いです。我々の製品がお客様にとって社会にとって本質的に有用なものなのかということを考えることがお客様室の大事な仕事です」。

生活の素材としての商品をつくろう！

「シンプルに美しく暮らそうとする生活者にとって最良で最強の店舗をつくる」

この目標に向かって、全社でワイワイガヤガヤやっていきたいと話しています。

「店舗」は「事業」と置き換えてもいいと思います。激しい市場競争の中では、「やりすぎ」や「やらなすぎ」といった極端な方向で競い合い、社会も企業も短期的なシェアの奪い合いにどうしても向かってしまいます。

その競争から目をそらし、生活者として考えたときに、本当が見えてきます。

それは、「それってちょうどいいよね」という生活者としての感覚、空気のような存在です。お客様が自分らしく生活を編集する上で、その基本となるモノは、「素材」と表現できるような段階に留める勇気と、良質へのこだわりが必要です。

無印良品では、日付が印刷されていない、罫線のみが印刷されたスケジュール帳やカレンダーを定番のロングセラー商品として販売しています。お客様ご自身で日付を記入しながら使うようになっていて、いつからでも使え、罫線を加えれば一週間分のスペースを二週間分として使うこともできます。したがって西暦何年用という概念もありません。

売る側から考えると、この商品には「今年のスケジュール帳は余ってしまい値下げロスが増えてしまった」とか、反対に「今年はよく売れたけど、商品が足りなくなって機会ロスが大きかった」などという心配もありませんから、そのロス分をあらかじめ売価に乗せる必要もなく、この再生紙のスケジュール帳やカレンダーはお安く販売できます。

しかし、日付を印刷したスケジュール帳をつくり、売価も高くして隣で販売すると、こちらのほうが売れてしまうのです。ですから、素材としての商品を販売することは簡単ではなく、全社が一つになって取り組む意志と連携が必要になります。小売業でよく言う「商・販・宣」、すなわち、商品開発部門、販売部門、宣伝部門の協調です。「無印良品」はそういった商品を、そういった店で売っているのだと、皆さんにわかっていただけるまで、徹底しなくてはなりません。その上で必要となるのが、「これらの商品を使うことで生活を美しく整えられる」と感じていただける店舗の空間や、VMD（ビジュアルマーチャンダイジング）、スタッフのスキルです。広告やウェブデザインも重要です。

これらの「感じ良い商品」「感じ良い環境」「感じ良い情報」「感じ良いプロモーション」「感じ良い応対とサービス」が一気通貫することで、伝えるのではなく、感じてい

ただけると考えています。

素材としての商品群は基本生活をカバーし、「感じ良いくらし」のプログラムと共に提供しなくてはなりません。その素材で、お客様には「do it ジブンデ」、二〇〇四年に使っていたこの言葉のように、自分だけのものをうみだしてみたいと感じてもらえるプログラムなどです。

白いシャツに好きな色の糸を少し刺してみる。ノートにお気に入りの絵を描いたり、スタンプを押したりしてみる。そういった様々なプログラムのヒントやお客様同士のアイデアが、自分らしさや愛着を増してくれるはずです。

「心においしい商品」をつくろう！

一般的に、ブランドがお客様に認知され、成長もしくは強い存在になっていく過程には三つの段階があるそうです。

（1）「識別」―名称やマークを覚えていただけた段階。（2）「信頼」―品質と価格においてお客様との間に信頼関係が醸成されている状態。この段階になるとブランドとして成功だそうです。成功している企業のほとんどはこの段階に到達しています。

しかし、さらにその一つ上の段階があります。（3）「意味」です。その企業の理念や価値観、実態に、お客様が共鳴・共感し、その企業のためになることをしたい、あるいは、応援したくなるような段階があるそうです。

無印良品が誕生したとき、この（3）「意味」の段階をある一定のお客様層から獲得していました。

本当の意味で生活者の視点で商品を点検し、無駄を省き、大切な要素はしっかりしていて、安い！ この純粋な商品開発と「印は無くても良品」といった精神性と「そう！ そう思っていたんだよね～」といった切り口や潔さ。一色刷りの簡素で素直なメッセージと、売る装置を極力減らし、古材や鉄板、レンガで作られた店舗空間と、買う気をそそらないオリジナルのBGM。

これらはまさに「無印良品」を体現していました。八〇年代後半には、素材の転用を視点に、業務用・スポーツ用・医療用・ホテル仕様などの専業素材を日常生活に転用するアイデアに取り組みました。

たとえば「軽く、コンパクトなウインドブレーカー」を作ろうと「軽い素材、軽い素材って何かなぁ」と探し、「あっ！　パラシュートって軽くてコンパクトだ！」とたどりつき、パラシュートクロス素材のウインドブレーカーを作ったら大変良く売れました。丈夫なビジネスバッグを作ろうと「丈夫な素材、丈夫な素材って何だ？」「バスケットボールは丈夫だよ」と、バスケットボールの素材でバッグを作ったこともありました。

お客様からは「雨が降ってきたらウインドブレーカーにどんどん水が滲みてきた」「バスケットボール素材は確かに丈夫だけど、重すぎる！」と叱られもしました。しかし、無印良品のそのような発想や挑戦に対してお客様は実に寛容で「もっとこうしたら良いよ」と教え、励ましてもくれました。

なお、二〇一八年現在販売中のパラシュートクロスシリーズは素材を改良したため、雨も滲みません。

あれから三〇年以上が経ち、店舗数も商品数も、お客様の数も圧倒的に増えた現在、無印良品はそのような「意味」の段階にいることができているのかと考えると、大変不安です。

規模が拡大し、会社の人員や組織が大きくなり、数値の結果や評価ばかりが気になり、無印良品への探究心や、売ることだけを目的とした商品への反発精神を忘れていないか、気がかりです。

私たち無印良品が作るべき商品は、お客様の「心においしい商品」です。生産者から搾取することなく、技術と知恵をお借りして、商品が素材から加工され、パッケージされ、物流されて、お客様に手渡され、使われる。一連の工程すべてを良く知り、学び、無駄なく、役に立ち、安価で、お客様に「うん！ なるほど、そうだよネ」と納得、共感していただける商品だけを、無印良品は販売しなくてはなりません。

第4章

無印良品が生まれる風土や組織とは

――良品計画のビジョン

苦しかった二〇歳の誕生日を忘れずに

右ページにある「忘れずに」は、忘れっぽい自分に向けて書きました。

無印良品の二〇歳と二〇代前半は苦しい時でした。会社や組織というものは生き物であり、人間の集団です。疑心暗鬼な空気の中で、個人個人のベクトルが別の方向を向いていると、それぞれが諦めや保身に動いてしまう、実に当たり前な人間の特性が現れます。すると組織はバラバラになります。すべては経営の問題です。この苦しかった時代に会社を去った仲間たちは、そうしたことを様々な言葉で表現し、残していきました。

ある人からは、無印良品は原点を見失いつつあるという声がありました。いつしか売る側の論理に陥り、使う側の論理を忘れ、あれほど否定してきた〝ブランド〟になってしまっているのではないかという指摘です。そうした事実はいつしかお客様にも伝わってしまう。そうしたことのないように、原点に立ち返るべきであり、それを伝えて去って行きたいというメッセージが込められていました。

また、消費社会へのアンチテーゼたる無印良品だけが大事にしてきたものは、多くの人に受け入れられ、それであるがゆえに多くの企業に模倣され、もはや無印良品の独自性は薄まってしまった、という指摘もありました。良品計画が岐路に立たされているという思いとともに、二つの道を示していました。一つの道は、これまでに築いてきた〝ブランド資産〟をきり崩すように消費しながら、効率化を推し進め、利益を創出する道。もう一つは、印のない無印良品だからこそ何をなすべきかを考え、今の時代に合った新しい無印良品をもう一度創り出していく道。このメッセージを私に残した人は、残る仲間に、そのことを改めて自分自身に問い、後者を選んでほしいと、語ってくれたのです。

無印良品のプロダクトやサービスに対してだけでなく、会社の風土に及ぶ言葉もありました。一時期、業績と共に悪化した社内の空気は、数字は回復しても良くなろうとしない。そう感じていたのは、一人や二人ではなかったのです。

メッセージを残して去って行った仲間たちは皆、そうした事態を残念がり苦言を呈するだけではありませんでした。無印良品にはあるべき姿であってほしいという願望と、残る人たちが真剣にその姿を目指すのであれば、そうなれるだろうという期待も、彼らは残したのです。

具体的に風土を変えるために、周りの人に関心を持ち、むしろおせっかいなくらいでいいのではないか、自分に甘くなってしまうなら、周囲と約束をしてそれを守るようにするべきだとか、困難があったとしてもそれはイマジネーションすることで乗り越えられるとか、処方箋に近い案を綴ってくれた人もいました。

こうしたメッセージは、私がそうしてほしいと頼んで残してもらったものではありません。

あるメッセージは、気付いたら、無印良品のクラフト紙の封筒に入れられ、私の机の上に置かれていました。辞める前に私のところへ来て相談したときに残していった言葉もあります。

良品計画の一員としての彼らの「去辞」は、そうして自主的に残されたものばかりです。わざわざそうしてくれた仲間たちの気持ちも、忘れずにいたいです。

小さな魚は群れをなして、
しかも言葉を交わさずに整然と泳ぐ

二〇〇〇年に落ちこんだ良品計画の業績は、少々の荒療治も行いながら回復し、世間からは「V字回復」とも言われました。当時の社長の松井忠三さんの目的は風土改革と仕組化でした。

その後、二〇〇六年に自らの目標について次のようにメールをくださいました。「風通しの良い会社を作ることと、自主性のもとに仕組をつくっていくことが目下の大きな課題だと思っています。そうしないと早晩、また二〇〇〇年と同じ危機が襲ってきます。違う会社の風土を作ることの困難さは良く解っているつもりですが、成功するかどうかはわかりません。『謙虚』に経営にあたっていきたいと思います」（※その後の組織改革の詳細は松井さんの本をお読みください）。

そんな時に私が思い浮かべていたのは、小さな魚の群れでした。

小さい魚の群れは、広い水中で、誰が号令をかけるわけでもなく、リーダーがこっちへ行くぞと指示をするわけでもないのに、統制の取れた動きをしています。なぜこんな風にみんなが同じ方向へ向かっていけるのかに興味を持っていました。

小さな魚にとって、群れで泳ぐことは本能なのだそうです。生まれたときから、泳ぐときには群れになることがインプットされているのだといいます。

小さな魚はまた、常に隣の魚との距離を保とうとしているそうです。離れすぎないように行動しているから群れが保たれます。もちろん近すぎてもぶつかってしまいます。

距離を保つため、自分の近くにいる魚が何をしているか、どこを向いているかを気にかけてもいるそうです。

私はこのことを知って、良品計画は小さな魚の群れのような会社にしたいと思いました。

ただ、社員は小さな魚ではなく人間なので、生まれつき群れという共同体を形成しようという本能がありません。会社という群れを作り保つには、本能の代わりになるものを示す必要があります。それが思想です。

思想が社員の間で共有されていれば、ほかの社員と離れすぎずくっつきすぎず、何をしているかを気にかけ、必要としているなら助けてもらい、必要とされているなら助けながら、その思想の目指すところへ進んでいけると思ったのです。

小さな魚が前後左右の魚とほどよく近くに居続けるため、前後左右の魚に気を配っていると、お互いがお互いのことをよくわかるようになります。

ただ、群れが大きくなると、一匹の異変が隣の一匹、また隣の一匹に伝わり、全体に行き渡るまでには時間がかかってしまいます。

良品計画では、そういったことができるだけないように、風通しのいい組織づくりを心がけてきました。それはたとえば、役職で呼ばずにさんづけで呼ぶとか、社長室を廃止して皆と同じフロアにデスクを置くとかいったことでもありますが、一番に大切なのは、みんなが同じ思想を持って泳ぐことです。

グローバルな中小企業宣言

良品計画は、これからも中小企業でありたいと思っています。大企業に「業務」を行う人はたくさんいますが、「仕事」をする人がいない。勝手にこんなイメージを持っています。

売上規模が大きくなっても常に中小企業としてフットワークを軽く保ち、傲慢にならず、自然、人、社会との距離感を大切にしながら活動していきたいと思っています。

中小企業でいるからこそ、グローバルにも出て行けます。中小企業には大企業にはない独自性があり、規模の拡大よりもその独自性を大事にしています。そして、その独自性があるから、小さいなりに世界の各地で認められ、受け入れられます。

無印良品のそれぞれの店舗は小さなお店です。この小さなお店が各々の地域で役に立ち愛用されている。これがすべてで、売上の規模とか店舗数の規模は強さの意味にはなりません。

本部は参謀本部ではなく、現場のサポート

良品計画は二〇〇一年から再構築に取りかかりましたが、その時にしたことの一つが、本部と店舗の役割についての意識を変えることです。

それまで、店舗とは本部が決めたことを実行する場でした。それを、店舗は本部の考えから大きく外れない範囲でお客様にとって最善の店づくりをし、本部はそれをサポートする、という風に変えたのです。

ところが、そうしましょうと約束はしたものの、店舗の行動は変わりません。店舗からは「こういうことをしてもいいですか」と聞かれることもなかなかなくなりませんでした。

そこで、店舗で予算が達成できたら、その店の店長以下アルバイトまで含めた全スタッフに、三〇〇〇円を支給することにしました。すると、店長の行動が変わっていきました。

店長自身は、三〇〇〇円もらえれば嬉しいけれど、どうしても欲しいわけではありません。でも、自分の店のスタッフが三〇〇〇円もらえると思うと頑張ります。一緒に働くみんなのためになるのならと店長の考えが変わり、行動も変わりました。

現場にアイデアをどんどん出してもらい、本部はそれにどんどん対応していく、そういう仕組みにしたいと思ってやってきました。

二〇一七年秋、有楽町の店の青果売場で「きのこ祭り」が開催されました。これには私も責任があります。「秋だし、きのこが旨いよな。何かやってくれよ」と店舗の担当者につい、言ってしまったのです。すると真面目なスタッフはアイデアを出し、様々なきのこを売場に並べるだけでなく、きのこ汁をつくってお客様に振る舞うと言い出しました。

いいアイデアです。しかし、きのこは食用のものとそうでないものとの区別がとても難しい食材です。もしも間違ったきのこを選び、使ってしまったら、取り返しの付かないことになります。

本部からストップをかけることもできました。しかし、本部は現場のサポートをするのが仕事です。

無印良品はキャンプ場を持っています。そこには、きのこにとても詳しい地元のおじさんもいますし、品質保証部が適任の先生を紹介してもいい。そうやってあちこちの部署にサポートしてもらい、きのこ祭りは無事に終えることができました。

本部は現場のサポート役。そうどれだけ言っても、それでもまだ、どうしても、店舗よりも本部のほうが偉そうに感じられてしまうことはあります。

私はこの古い常識のようなものも変えたいと思っています。

これから無印良品は変わっていきます。販売力ではなく相談力（気軽に相談していただきアドバイスできるスキル）を全員で高め、「MUJI SUPPORT」といった機能を圧倒的に拡充していきます。店舗にはデザイナーやイラストレーター、建築士、大工さん、収納アドバイザーや衣料品・食品のアドバイザーなど、様々な得意分野を持った人を配置するでしょう。また、「土着化」と称した地域をより良くする仕事を地域の方々と行う業務も増やしていきます。取締役会でも、「店長という呼称はそのままで良いか」という議論にもなり、現在「コミュニティマネージャー」という役職の店長が一名任命され、配属されました。

会社の構造の一番上には「思想」がある

無印良品の「大戦略」は『役に立つ』ですが、その大戦略の下には、何年後にはこんな会社になっていようという「ビジョン」や「目標」があります。中期計画のようなものもここに含まれます。

ビジョンや目標の下には、アイデアや仕組みがあります。そのビジョンや目標を達成するために、具体的なアイデアの実現が必要ということです。アイデアだけではなかなか続かないので、そのアイデアを実行に移し続け、改善するための仕組みが欠かせないと考えています。

そういったアイデアや仕組みは、良心とクリエイティブ、徹底力を持っている現場が現実のものとしていきます。どれだけアイデアや仕組みが素晴らしくても、現場がそれを実行しなければ、意味がなくなってしまいます。

現場の徹底力は、繰り返すことで培ってきました。反復連打です。

各店舗には半年に一度は内部監査が入ります。ほぼ毎日、どこかの店舗で監査が行われています。

ただ、監査という言葉の響きは、ちょっと怖い。だから最初は、監査に入るというよりも、困っていることを聞きに行くようにしていました。店長を経験した監査メンバーが、「何か困っていることはない？」と聞きながら、各店舗をまわっていくのです。

すると、不備も見つかります。複数の店で同じ不備が見つかることもあります。そうしたら、その不備がなくなるような仕組みを考えます。書類の転記ミスがあるのなら、転記しなくても自動的に入力されるように仕組みを変えればいいのです。仕組みをつくる側にも、徹底力が必要です。

『役に立つ』という大戦略はこういったことに支えられており、その大戦略の上には、思想があるのです。

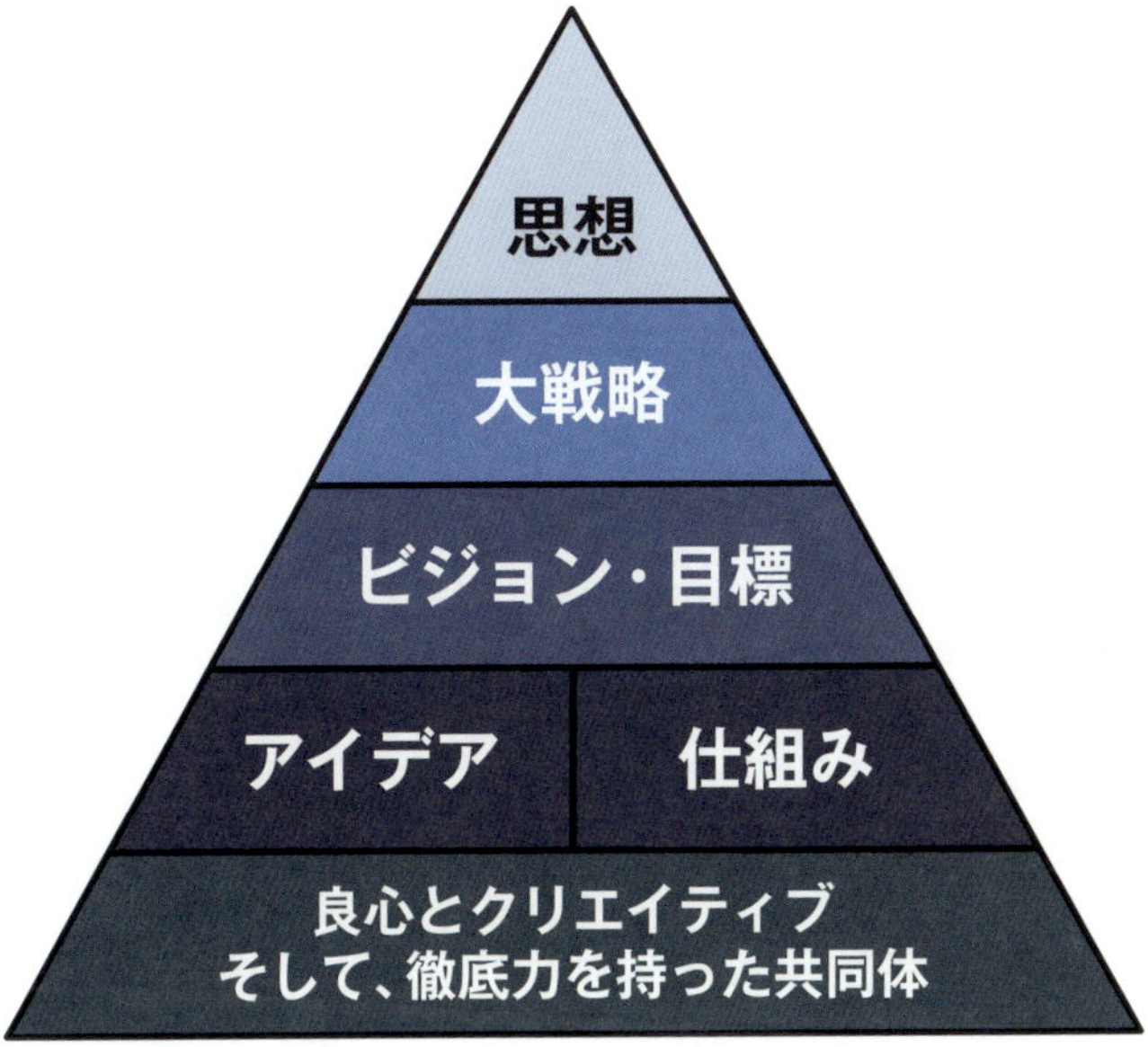
思想
大戦略
ビジョン・目標
アイデア
仕組み
良心とクリエイティブ
そして、徹底力を持った共同体

理念を共有する

良品計画は、「幸福→仕事→風土→目標→幸福」というサイクルを理念とし、社内で共有しています。

最初の「幸福」とは、社員の幸福のことです。良品計画はこれを第一に掲げています。それを前提に、仕事に取り組みます。「仕事」とは、無印良品の思想を探究し続けることです。世の中に対して正しい仕事をしながら、風通しのいい「風土」をつくります。具体的にはたとえば、ＷＨ運動という、いいことは倍（Ｗ）にして、無駄なことは半分（Ｈ）にする活動をして、風土をつくり、その結果として、世界レベルの高収益企業になりましょうというのがこの理念です。

最初に社員の幸福を据えたのは、それが私の社員に対するコミットメントになると思ったからです。

会社は株主のものだと考える人は、なぜ社員の幸せがいちばん初めなのだと反論します。そういう株主に対して私が言いたいのは「だったら、そこにお金を置いてみてください」ということです。置いただけではそのお金は増えません。社員が店舗を清潔に保ちアイデアを出し仕組みを改善しながら働くから、企業の価値が上がり、株価も上がるのです。ただお金を出しただけ、ただ株主になっただけで企業価値や株価が上がると思ってもらっては困ります。高収益企業になることは、あくまで社員の幸福が前提の、結果です。

また、社員にも仕事を勘違いしてほしくありません。

仮に悪意がなくとも、収益を上げることを、無印良品の思想を探究して世の中に対して正しいことをすることよりも優先してほしくないのです。

売上には善い売上だけではなく、悪い売上もあります。悪い売上をつくってはいけません。

無印良品は、年に数回、無印良品週間を開催しています。期間中、無印良品メンバーに日頃のご愛顧への感謝の意を込めて一〇%オフの優待価格で買い物をしてもらえるようにしています。その告知は店舗でも行っています。

お客様は期間中、その場で無印良品メンバーになっても優待価格で買うことができます。一〇%オフになるのでメンバーになりませんか、とその場で誘うこともできますし、無印良品週間の告知ポスターのすぐ隣に、無印良品メンバー募集のポスターを配置することもできます。

でも、したくありません。感じ良く思えないからです。

無印良品週間の開催予告は、通常、一週間前から行います。すると、無印良品メンバーの買い控えが始まります。もうすぐ一〇％オフになるのがわかっているのだから、当たり前のことです。

ある時ある店舗で、開催予告を出すのを遅らせたことがあります。そうすれば買い控えが減ると考えた人がいたのです。三日前になってようやく「来週が無印良品週間です」と告知をしました。すると、その週の前半は、確かに例年に比べて買い控えが減っていたことがわかりました。

売上を上げることを最優先に考える会社であれば、そのアイデアを思いついた人を表彰するのかもしれませんが、良品計画では違います。

MUJIが生まれる言葉42

地球市民に溶け込み、人が主役の会社

企業は様々な事業や活動を行っています。しかし、私たち一般市民に実態を知ってもらう方法はあまり多くはありません。ですから、力のある会社はテレビCMなどでその実態の一部を紹介し、それによって市民はその企業のイメージや事業内容を把握し、徐々に知覚していきます。企業はR&Dに力を入れ、市民の中からはうまれにくい最先端の素材や技術を研究開発することで、社会の役に立ち収益を上げます。また、自動車や電機、情報技術や素材開発など、専門性の高い研究者や技術者が切磋琢磨しながら、生活や社会を変えるシーズを探り当てています。

知覚について、こんな話を聞きました。お醬油で有名な会社が赤ワインを発売したときに、それを飲んだお客様はなにか「しょっぱい」ような感覚を覚えたそうです。その会社といえば「お醬油」、というイメージや知覚があまりにも強かったため、ワインの展開にはとても苦労されたとか。これが「お醬油の〇〇」ではなく「発酵の〇〇」というイメージが持たれていたら違っていたのかもしれない、という話でした。

この話から、一つの企業が普段からイメージを持たれ、知覚されている事業以外を生活者に理解・信頼していただくことは、ものすごく大変なことなのだとわかります。

また、メーカーや研究機関などは、イメージとしては一般的な市民の「外」にあって、市民にとってはとても不可能な研究や技術開発を行っています。しかしその新しい素材や技術はいずれも社会や市民が使うものです。

無印良品はほとんど宣伝を行いませんが、日々の活動、一店舗一店舗の活動によって知覚され、様々な活動や事業においても、それが良心的で役に立ちたいと思う気持ちやコンセプトから発想されたものであれば共感や納得を得られ、さらには良品計画として信頼していただける企業に育てられると思います。

そのためには、常に企業の側からではなく、市民の側から生活や社会を見て、むしろ地球市民として地域に溶け込み、人が主役になり当事者となり「役に立つ」の実践を繰り返す共同体になりたいと思っています。

「無印良品」は誰のものでもなく、社会のものだと感じています。

そして、「お客様は誰ですか?」と聞かれたならば、「お客様は、社会の課題様や、地域の課題様です」と答えたいと思います。

それを私たちと、私たちをご支持くださるステークホルダーの皆様と一緒になって解決していく——そのような無印良品を目指して、「良心とクリエイティブ」の力を世界で強めていけたらこんなに嬉しいことはありません。

MUJIが生まれる言葉43

〝3現〟に手をぶち込む

何度も言いますが、現場がすべてです。現場が大切です。現場の些細なことがとても大事です。

でも本部での仕事が長くなったり、役職が上がったりすると現場がわからなくなったり、知っているつもりになったり、そうなっているハズだと思ったり、突き詰めて聞かれると本当のことが説明できなかったり。

自戒も込めてそう思いますが、決してそうなってはいけません。長く仕事をした経験は無駄にならず、視界も拡がり、視点も高まります。その目で常に現場を見て、現場のほうが気付かないところまで気付く感覚や、「現場には謙虚に教えていただく」という管理職の現場意識が大切だと思います。

このような大切なことを伝えたいときに、ついつい「3現（現場・現物・現実）に手をぶち込め！」なんて言ってしまいます。

出る杭には肥料をあげる

会社には色々な人がいます。自分の仕事に真面目に精度よく取り組む人もいれば、自分の仕事以外のことにも「こうしたほうがいいよ」と関わりたがる人もいます。関わりたがる人は、自分の仕事だけに真面目に取り組む人からは、邪魔された、乱されたと、嫌われることだってあります。出る杭は組織の中ではどこか異端児です。

良品計画の本社のオフィスで、自分の〝島〟のデスクだけを、木製のものに変えた人がいます。出る杭です。でもそこには、その人なりにそれがいいと思った、正しいと思った理由があります。その理由が、みんなにとってもいいもの、正しいものだと思えたので、オフィスのすべてのデスクを木製にしました。

それがいいことなら、出る杭の思いつきは、部門を超越して広めてほしい。なので、出る杭には、肥料をあげます。もしかすると根が張って伸びていくかもしれません。そうなるように、周りの人も焚き付けて、出る杭を応援させます。

一方で、出る杭にはならず、真面目に精度よく仕事をする人のことも認めます。出る杭だらけでも組織はうまくいきません。自分の仕事をきちんと行ってくれる人材も、社内の業務外業務を頑張ってくれる人材も大切です。要は無印良品が好きでもっと良くしたい様々な人が、お互いを大切に思い、フォローし合えば良いと思います。

会社の重要な戦略会議は雑談だ！

雑談とは、出合わせて、まぜて、反応させることです。自分と、自分の無意識を出合わせて、自分と自分を反応させ、その自分と他者を出合わせていく、それをまぜて反応させて浮かび上がった座標軸のようなものを共有していく。そんなプロセスだと思います。

良品計画では現在でも、毎週月曜日と火曜日の朝は役員間の雑談会、火曜日と水曜日の午後は営業系と商品系の皆との雑談会。金曜日の夕方は各課やチーム毎に雑談会をしています。本当に雑談会は重要な戦略会議だと思っています。だって人間は放っておくと閉じちゃいますから。

この項で紹介するのは、二〇〇〇年に業績が急降下するまでの状況と、そこから新たなビジョンを創りだすために行ったアドバイザリーボードとの雑談の記憶です。無印良品の今につながる名言葉ともいえるかもしれません。

生活者視点から商品を点検し、商品本来の必要を満たし、それ以外は省き、しかし、単なる安さの追求はしないという無印良品の当初の商品コンセプト、その視点や工夫は、共感を集め、爛熟した消費社会の中では、ひときわ精神性の高さすら感じると表現されました。しかし一九八五年のプラザ合意以降、円高が進むと、商品の輸入の拡大、企業の海外生産が一気に加速し、中国は世界の工場と表されるようになりました。そこでは圧倒的に早く、大量に、安く作ることができる最先端の機械設備が導入され、無印良品のように「素材の見直し」「工程の点検」「包装の簡略化」などを個別に行うと、むしろコストが上がってしまう構造へと変化しました。

また流通業界では、良品計画を含め、「企画・製造・小売業」（米国のアパレルであるGAPがいうSPA）というビジネスモデルが誕生しました。一般的にSPAは、アパレルだけとか、ホームファッションだけといった単一のカテゴリーを扱う小売業者が採用するビジネスモデルです。広いカテゴリーをカバーする無印良品が思想性や生活者視点の工夫などを優先させるのに対し、単一カテゴリーのSPAは圧倒的な安さを前面に出し「カテゴリーキラー」と呼ばれました。

この大きな構造的変化の中で、無印良品と良品計画は失速し、二〇〇三年に回復するまで三年という時間を費やしました。

その直接的原因はグループ内の事情に呑み込まれたことと、小売業界のビジネスモデルの変化にあったわけですが、無印良品を継承しているはずの良品計画の経営が、環境の変化の中で「無印」の立ち位置や「良い品」に対する討議や議論を行わなかったことにもあると私は思っています。

二〇〇二年に、田中一光さんからバトンを受けた原研哉さんと、プロダクトデザイナーの深澤直人さんが新たにアドバイザリーボードに加わりました。田中さんはその直後に急逝されてしまったのですが、この新しいメンバー二人と杉本貴志さんとで、約一年間、無印良品の行方や未来について徹底的に雑談し、「これがいい」ではなく「これでいい」のビジョンが生まれました。

雑談の中で、皆さんは次のようなことを言っていました。

杉本さん：

「今、時代が大きく動いている。業界すべて、社会全体、政治・経済もすべて、それは豊かさといった尺度や、二〇世紀後半からのモノをたくさん作ってたくさん売って、その中から発生してきた矛盾の中の一番大きな矛盾が今の社会変革につながっていて根は深い。商品でいうと、売れる商品、良い商品という尺度も、今までの尺度がグラグラしている。幸い無印はそれを先行して気付いたところに価値がある。しかし最近は資本の論理からの急拡大や急成長に向かいその価値が見えなくなっている。無印良品の出発は世の中の需要をすべて満たすということではなかった。無印良品は何を目指そうとしたのか、感性はあったがむしろ裏方だった。議論は一〇年後、二〇年後、社会への役割をどう果たすか考えたい」

深澤さん：

「『New Rationalism（新合理主義）』という言葉がある。Rationalismとはどういうことかというと、ブルドーザーでドーッと散在する邪魔なものをどけて道を通すようなこと。無印良品はそれをやった会社だったと思うが、ブルドーザーでよけたところへ自分たちでまたいろいろ置いちゃったという印象。『批判的精神と良心的行動』これは岩波新書発刊に際しての岩波茂雄氏の言葉ですが、極めて無印っぽい言葉だと思う。世の中というものは常に右へ行きすぎたり、左へ行きすぎたり、モノもやりすぎたり、やらなすぎたり、どうしても『ちょうどいい』ところからズレてしまうもの。無印良品の役割は常に『ちょうどいい』ところを指し示すことが仕事で使命。だから無印良品では『First Wow!』は作らない。『Later Wow!』だけつくる。また同じ色にできないものを同じ色にしてはいけない」

原さん：

「やはり世界の考え方が変わりつつあることを実感している。『新しい』ということの価値観は、一つには今まで誰も発見していなかったものを発見する＝Innovation。もう一つ、今日あるものを明日は古くしてしまう＝Style Change。様々な商品がこの方法で売りを増幅させ、経済をドライブさせてきた。そのためにデザインが使われ、デザインという言葉の意味も本質からかけ離れてしまったが、それに人々は疲れている。〝普遍性〟とか〝世界合理価値〟といったものが求められている。ビジネスの世界においても特定の力の強いものが利益を独占するような社会や『もっと低賃金の国で作って、高い賃金の国で売る』といった感覚そのものも衰退に向かい、何らかの普遍的な価値観の形成に有益に作用する合理的な価値をもたらしてゆくのでなければ支持されない時代になってきている。今、無印良品はもう一度『遠いPerspective』をしっかり思い起こす必要がある。ちまちましたウンチクや、こだわりとかはもう聞きたくない。もっと遠いPerspectiveに立脚し、二一世紀はこれまで見たこともないようなモノたちが時代を変えていくのではなく、『よく知っているけどわかっていなかったもの』が変わることで変化させるべきである。そのためには無印良品を世界に開き、海外にたくさんお店ができましたということではなく、たとえば、イタリアで、中国で、タイで、無印良品が生まれたらどんな無印良品ができるのかといった視点で世界の才能との交流を始めるべきである。これはデザインではなく究極のデザインを行うということ。『World MUJI』と呼びたい」

このような雑談の中から目指す方向やビジョンが浮かび上がり、二〇〇三年の新聞広告、ミラノサローネへの出展、TOTOギャラリー・間でのトークイベントなどにつながっていきました。

余談ですが、二〇〇三年四月のミラノサローネは無印良品として初めてのエキシビションで、私にとっては大変思い出深く、意義深いものとなりました。発端は、先程の雑談会のだいぶ後半のほうで、ミラノサローネにMUJIを持って行きましょう！

と話したことでした。皆さんと話していて浮かんだイメージを形にしてみたいと思いましたし、何よりも自信を無くしていた商品部のメンバーを元気にしたかったという想いがありました。

しかし、その二〇〇二年一〇月の時点では、いつのミラノサローネに出展するのか？場所はどこか？　などの具体的イメージは何もなく、あくまで雑談の中での話でした。調べてみるとミラノサローネは毎年四月に開催されていることがわかりました。すでに一〇月でしたから、今から準備しても最速で二年後の二〇〇四年かな、と思っていました。ところが二〇〇二年の一二月に知人から「良い場所が見つかった」と連絡が入りました。見てみると、そこはとてもかっこいい工場の跡地でした。すぐに杉本さん、深澤さん、原さんの三名に電話をし、杉本さんがプロデュースし経営する店で打ち合わせをしました。一二月二〇日の夜でした。八割が料理の話、二割がサローネのイメージやコンセプト。「じゃあ、年明けから。良いお年を！」で解散しましたが、「大丈夫かなぁ、本当に間に合うかなぁ」ととても不安でした。

年明けすぐに、コンセプトや会場のデザイン、展示商品を決定し、現地へ運んで、施工会社を決定し、会場の契約を結んで……。時おりしも、テレビのニュースではイラクで戦争の可能性があると報じています。

急ピッチで四回の打ち合わせを行い、二〇〇三年二月、契約や施工会社決定のためにミラノまで赴きました。しかし、当社が作成した契約書案に「もし戦争が起きたらサローネも中止だから契約は白紙」という一文があったために四時間もの大激論。おまけに、毎日ホテルへ届く日本での我が社の売上も振るわず、テレビに映るイラクの戦車や兵士の映像には「あー、俺何やっているんだろうなぁ〜」と頭を抱え、不安で心細いミラノ出張となりました。

四月上旬、再度、ミラノに入り、会場の準備状況を確認しました。さすがイタリアです。すべてが遅れているのです。先発して会場設営と陳列をしている当社のスタッフと、応援してくれている現地の大学生を労《ねぎら》いながら、遅れている納期の交渉を行いました。杉本さん、原さん、深澤さんも合流して最終仕上げです。

展示前の最後の夜も一〇時を過ぎ、皆でホテルへ戻ろうとしても、原さんは残りました。一人脚立に乗り、壁面に貼ったウユニ塩湖のビッグビジュアルに入ってしまうシワを取るというのです。

翌朝、私たちが会場入りをしても、原さんはシワと悪戦苦闘していました。原さんに朝食を渡しながら「仕方ない、少しぐらいあきらめましょう」と励ましたのを良く覚えています。

ミラノサローネでは展示が始まった日の夜は、会場でパーティが開催されます。この年のミラノは非常に寒かったので、現地のスタッフにお願いし、ストーブを数台、会場内に用意してもらいました。来場されるお客様を少しでも暖かくお迎えしようとストーブをつけて数時間後、原さんが徹夜で格闘したビッグビジュアルのシワは消えました。ピンと張り、綺麗になったのです。皆で大笑いしました。

会場は、二階建ての元ステンレス工場で、フロアは二五〇坪くらいの広さでした。一階をパーティ会場にし、展示会場の二階への移動にはエレベーターを使う予定でしたが、故障していて修理が間に合いませんでした。お客様は「What is MUJI？」と思いながら、暗がりの中、薄汚れた鉄製の階段をコンコンと音を立てながら登ってくることになります。この階段を登り切った瞬間に目に入る空間に拡がる、無印良品の世界観や空気感の美しさに、私自身、鳥肌がたち、涙が溢れてきました。

街中がデザインで埋めつくされた、世界最大の家具・インテリアの祭典・ミラノサローネでこの空間が放つ凛とした空気感と、そこに展示された飾ることを否定した無印良品群はたちまちミラノサローネでの話題となりました。連日、多くの人々の顔が「MUJI」を見てポカンと口を開けて鳩が豆鉄砲をくったようになり、その後、ため息を一つついて何とも言えない笑顔に変わります。

デザインの才能との多くの出会いも実現し、その後につながっています。すでに一九九八年にはエンツォ・マーリやコンスタンチン・グルチッチを訪問し、生活雑貨部との仕事も始まっていましたが、このサローネを機にスピードが上がり、ジャスパー・モリソンやジェームス・アーヴィン、サム・ヘクトなど、後にMUJIと大きな仕事をする才能との交流が始まっていきます。二〇〇二年の厳しい時に加わってくださった原さんや深澤さん、杉本さん、本当に時間がない中、わずかな打ち合わせだけで（大半が美味い料理の話でしたが）ピタッとそれぞれの仕事が一つになり、これだけの感動を起こせることに改めて本物のプロだなぁ、と敬服しました。このサローネの成功は、長年形骸化していたアドバイザリーボードメンバーのチームワークが一気に出来上がったことによるものでした。

「重要な戦略会議は雑談である」。上司、部下の関係でなく、内部・外部という区別なく、時代の中の違和感や、やりすぎ、やらなすぎに対して、批判的精神と良心的行動を旨に、無印という立場で「ちょうど良い」を探り当てていく雑談から未来が見えてきます。

人間も会社も、どうせいつかは
死んじゃう

人は必ず死に、会社は潰れるようにできています。ただし、会社は続く可能性もあります。人生一〇〇年と言われる時代、私たちは死ぬまでの長い間を、暇つぶしをしながら生きています。暇つぶしにはいろいろな種類がありますが、していて嬉しい暇つぶしの中に、誰かの役に立つことがあります。言い換えれば、それは仕事です。そう、「どうせ暇つぶしの仕事なら、誰かの役に立つことを楽しくやろうぜ！」というのが良品計画の主義です。

仕事とは、労働の対価としてお金を得ることだという価値観が社会で共有されていますが、労働を差し出すのが労働者、それを受け取ってお金を渡すのが資本家という構造です。

しかし、その価値観が生まれる以前、人間が労働者と資本家に分けられる前は、仕事とは生きることそのものであり、また家族や隣人の役に立つことだったと思います。

産業革命以前の労働者は「LABORER」でした。産業革命が始まった頃のイギリスでは、そのLABORERたちが、自分たちの仕事を奪う新しい機械や装置をハンマーや斧で破壊するといった暴動がおきました。

その後の工業化社会で、労働者は「WORKER」になりました。WORKERは会社という組織の中、マネジメントのもとで役割や担当を割り振られ、担当業務をこなします。

そしてこれから第四次産業革命と言われる高度情報化社会での私たちの働き方は、より人間らしく、人としての価値観や皮膚感覚を基盤にした上で、自身の得意技や好きなことをどんどん磨き、人々に感動や共感を与えられるような働き方に入っていくのだと思います。その時私たちは「PLAYER」の段階に入っていきます。

たとえば、野球のイチロー選手、指揮者の小澤征爾さん、お笑いの芸人さん、こうした方々は「PLAY」という働き方で人々の想像を超えた仕事を行い、その結果として、たくさん稼いでいます。どうせ働くのですから、役に立って感謝されたり、喜んでもらったりしながら、好きなことに夢中になってしまえば良いと思います。仕事にもPLAYERにも貴賤なしです。

MUJIが生まれる言葉47

社員の知恵と工夫で「完成させないオフィス」

無印良品とは何かという問いに対する、確固たる答えはありません。それと同じように、良品計画の仕事は、いつまでも完成しません。

仕事は常に、もっとうまくやるにはどうしたらいいかを考えながら進めるものです。カイゼンという言葉が生まれ、世界に広まったのは、今の仕事は完成していない、まだまだ改善の余地があるという日本的な考え方が、世界では驚きをもって受け止められたからです。

格差の大きな国では、現場が知恵を絞って仕事の進め方をカイゼンすることはありません。小売業界でもそうです。本部に言われた仕事を忠実にこなす国もあります。店のスタッフに、ものの並べ方、掃除の仕方を一つひとつ教え、その通りにやっているかどうかを監視する必要のある国もあります。

しかし、カイゼンは現場を信頼し、仲間と考えます。これが最高の仕事の仕方ですと決めてしまうと、よりよい仕方の芽を摘んでしまいます。

二〇一七年春、良品計画では、働く自分たちが中心になりながら、本部オフィスをリニューアルしました。従来は見捨てられていた杉の端材をデスクや棚などにふんだんに活用するなどして行ったのですが、コンセプトは「完成させないオフィス」です。その作業が一通り終わっても、変えたほうがより働きやすい部分を見つけては話し合い、さらにカイゼンします。

お金をかけて専門の方にコンセプトを考えてもらい、オフィスが見違えるように美しくなっても、感動は一カ月で終わってしまいます。決して生産性が上がるとは思いません。以前、社外取締役を務めていただいていたキヤノン電子株式会社の酒巻久社長が仰っていましたが、工場のパートナー社員の方が、ご自分の意志で自宅に咲いた花を会社に持ってきて飾られているそうです。酒巻さんも大変喜んでいらっしゃいました。自然にそのような風土になれば理想だと思います。

無印良品の本部では、毎朝、全社員が身の回りの掃除をします。

五分というのは案外と長いものです。毎日その時間をかけて掃除をしていると、掃除をすべき余地がなくなってきます。

それでも、掃除の時間は毎朝、訪れます。すると、それまでの「今日はここを掃除しよう」という意識から、「どこか掃除をする場所はないか」に変わります。視界が拡がります。

そうなると、それまで気にも留めていなかったものがはっきりと見えてくることがあります。この汚れはなんだろう、どうしてここにこんなものがあるのだろうといった疑問が生まれ、それをカイゼンしたいと思うようにもなるかもしれません。

ちなみに、この朝五分の掃除を、ストレッチとも組み合わせました。社員自らが動画を作成し、毎朝それに合わせてストレッチをしながら清掃しています。

その名も「ストレッチ清掃」だそうです。

働く人が仕事を変え、
会社を変え、社会を変える

結局、企業とは働く人の集まりです。

そこで働く人の総和や掛け算が企業力です。

良品計画には前会長の松井忠三さんの時から始まった業務標準化委員会という組織活動があり、MUJIGRAMや業務基準書といったマニュアルもいくつかあります。

これらのマニュアルは仕事を固定化するものではありません。まずは一番良い方法をやってみて、もっと良い方法、さらに良い方法を考え、探し、改訂を繰り返します。マニュアル通りにやりながら、さらに良い方向へ変えていく。そのために存在するのでなければ、マニュアルなど意味がありません。

ただし、組織がそのように考えるまでには相当な時間がかかります。良品計画でMUJIGRAMの原型ができたのは一九九六年です。なかなか風土化することができなかったのですが、松井さんが社長、会長になられ、社外取締役であった株式会社しまむらの藤原秀次郎会長（当時）にしまむらのマニュアルや仕組みを徹底的に勉強させていただきながら、根気強く、粘り強く反復連打することで、ようやく風土化に近づけられたのだと思います。

昨今話題の働き方改革については、時短、残業削減などを中心に良品計画では二〇〇七年頃からすすめましたが、当初の二～三年は「経営層は何もわかってない！」と言われることを我慢する必要がありました。しかし今では誰も元に戻ろうとは考えませんし、全社員が喜んでくれていると思います。

最初の重いペダルを漕ぎ始めるのは経営の仕事ですが、動き出し、ペダルが軽くなってきたところで現場が主役になるようにギアチェンジを行えれば、そして、現場が働きがいや成長を実感できれば、ギアはどんどん上げていけると思います。自転車と違って会社のギアはエンドレスに上げていけます。


会社の思想や目指す方向に社員一人ひとりが生活者として、市民として、共感・納得できれば、自ずと個人やチームや組織の仕事は社会の役に立ち、社会がよくなる方向へと向かいます。そこでは新しい仕事やビジネスも生まれてくるのだと思います。

人間の論理から思考する無印良品は発想が異なるのです。

シェア自転車なら、新しい自転車を用意するより、まず放置自転車をメンテナンスして利用できないだろうかと発想したり、ベビーベッドなら、現代は少子化の時代ですから〝売らない〟ベビーベッドをつくり、レンタル専用にしたりしています。着なくなった衣服は回収し、藍染して再度販売したりエタノール化してエネルギーとして再利用したりと、以前にも増して現場発想の仕事が増え、より一層社会との関係性に向かって進んでいると感じています。

第5章

無印良品は空っぽ、だから無限だ

——大戦略「役に立つ」を合言葉に可能性はどこまでも

MUJIが生まれる言葉49

「本業力」を鍛える

先述したように、〝働く人が社会を変える〟という取り組みは、私たちの本業であるる小売業の周辺にあるものでもあり、こちらも本業であると思っています。

「土着化」と称して店舗を基点に様々な活動が始まっています。縮む社会の中で、いかに「感じ良いくらし」の役に立てるかは、企業としての寿命にも大きな影響を及ぼしますし、それらの目的に共鳴する、様々な才能を持ったスタッフたちが私たちの店舗で働き、社外の様々な才能を持った方々とつながって、無印良品の店舗が「感じ良い」を実現するプラットフォームになれたらと思います。

昭和二三（一九四八）年に「商業界」を創業し、日本の小売業の在り方や商人としての論理を説かれた倉本長治先生が、当時はまだ若く、しかし後には日本を代表するビッグチェーンの創業者になられる方々に向けて「これからの日本を救えるのは地域に密着した商人である」と説いたそうです。この倉本長治先生の語録は非常に普遍的であるので、良品計画の全スタッフが手帳型の「無印良品の働き方」と共に常に携帯しています。

倉本長治先生と同じ視点に立って考えると、現在の小売業の使命とは、豊かさと引き換えに失ってきた、あるいは分断されてしまった「自然と人」「人と社会」「人と人」

の関わりを取り戻すことです。小売業にならそれができます。つくる人と使う人、生産者と消費者の橋渡しができます。無印良品は人が集って暮らす地域に店舗があるので、そこで「Open MUJI」というつながりの場を設けることで人と人との関係性を取り戻せます。共に感じ良い地域のために汗をかけます。これらは小売業がオープンな空間であるため行いやすいことであり、製造業などにはできない仕事です。製造業にはできて小売業にはできない仕事もたくさんありますが、小売業にはできて、製造業にはできないこともあるのです。

そうした新たな使命を意識して本業力を磨こうとすると、まず私たち社員はもっと多様な才能やスキルを身に着けなくてはなりません。商品領域も、もっと生活の基本領域へと入っていかなくてはなりません。さらには、地域の津々浦々まで役に立てるように出店の方法をはじめ、ウェブなどのデジタルネットワークの活用方法などを考えながら、会社を作り変えていく必要があります。

これからの時代に必要な人材は情報編集能力が鍛えられた人材です。経済成長期に活躍した情報〝処理〟だけがうまく早いだけの人材では未来は切り開けないと思います。情報を編集する能力とは、目指す方向ややり遂げたい強い想いから、情報と情報をつなぎ、人との雑談や会話などからも、ちょっとしたヒントを自分の頭の中でつなぎ合わせ、アイデアにする力で、いろいろな業務を当事者として数多く経験し、やり遂げることで身に付くものです。

「良心とクリエイティブ」が会社を変え、社会を変える。その始まりは実は毎日行っている「挨拶」や「清掃」、「整理整頓」や「仕事のムダ取り」、「雑談」です。そして、多様な人間の価値観を知り、得手不得手を補い合うことで、一人では決してできない大きな貢献を可能にするのが、会社や社会だと思います。

ローカルから始める未来

「ローカルから始める未来」という言葉は二〇一二年から使い始めました。東日本大震災で強く感じた「自然への畏敬」「共同体への意識」「争う会社ではなく自分と競う会社」の三つの想いを、忘れてはいけないこととして抱いています。これらが地方へと目を向けるきっかけとなりました。

それまで無印良品とは、都市での生活に必要な商品群であり、消費社会における過剰な競争の中でこそ、思想や概念が受け入れられ、役に立つという考えを持っていました。逆に地方の自然が豊かで、過剰な消費社会もない地域では、無印良品の商品群は単に地味で面白味の無い商品に見えるのではないかと思っていたくらいです。

しかし、実際に地方に関わると現実は厳しく、残っていると思い込んでいた人間らしい人と自然、人と共同体の関係も希薄化しており、地域の課題に対しては一部の意識ある人々が真摯に無償の活動として取り組んでいるのが実態でした。同時に、震災を機に地方の置かれた現状を問題視する人が増えているとも知りました。

長野県生まれの自分も含めてよく考えてみれば、一九六〇年代の日本では高度経済成長期に第二次産業の労働市場が急拡大し、農村に滞留していた若年層が都市へと吸収され第一次産業の従事者数は大幅に減少、地方は人口減少と高齢化により疲弊していました。しかし、それでも都市に比べればまだまだまして、地方には伝統的な考え方や風習、生活文化がかろうじて残っているのです。私たちは地方からもう一度、無くした大切なものを回復できるのでは、と考えています。

第一次産業の重要性の再認識、未利用資源の活用、シャッター通りの活性化、キャンプ場・道の駅など多くの赤字運営事業の黒字化といった地方の課題に真摯に取り組んでいる方たちとつながりながら「役に立つ」ことを考え、できることから一緒に進めています。これらの活動により、私たち良品計画の内部の人間は社外の方々のラジカルな発想や行動力に刺激を受け、自らの仕事を振り返ることもできますし、大手企業のように大きな資金や投資をしなくても目的に向かうクリエイションや仲間づくりも体験できます。その過程では、良品計画の「現場を主役に」と同様に「地域の人を主役に」を心がけ、地域の皆さんが当事者として活躍できる工夫と、だからこそ自走できる仕組みづくりを違和感なく進められています。そこでは、地域の方々との付き合い方やマネジメント以外の実務においては専門的なスキルもいくつか必要となります。そのスキルを良品計画は持っています。

①「コンセプトづくり」——比較的簡単で無印良品の視点や発想を使いながら組み立てることができます。当社の社員の得意分野です。

②「空間設計やリノベーションなどの知識と技術」——当社グループ内には住宅やリノベーションを企画販売するMUJI HOUSEという会社があります。また社内にはインテリアを中心にデザインが得意なイデー事業部があり、インテリアアドバイザーも在籍しており、連携を強化しています。一方、良心的でセンスも良く、実績も良いリノベーション関連の外部企業一〇〇社との連携も進めています。目的は店舗やその他の地域ごとの空間設計スキルを高めることですので、各店舗の店長やインテリアアドバイザーは積極的に外部企業とも連携しながら勉強をしています。中には、一級建築士を目指す社員も出てきています。インテリアアドバイザーのほかにも社内資格として収納アドバイザーやスタイリングアドバイザー（衣服・雑貨）、テイスティングアドバイザー（食品）などを認定し、それらの専門スタッフは現在では世界に一四〇〇名以上となり、今後も専門スタッフの種類や人数を着実に拡大させていきたいと考えています。

③「コミュニケーションと数値」——語学、文章を書くことや編集すること、事業

化計画を立てること、投資効率を算出するなどのスキルです。語学力は英語や中国語を中心に、数値は損益計算書と貸借対照表が読めるなど基礎的なレベルですが、全社員が習得できるように進めています。

このように、土着化を推進し役に立つためには、私たちも従来とは違ったスキルを身に着ける必要があります。会社としても個人としても目的のある勉強は成長を実感できるので本当に楽しいことです。

もう一つ、土着化を推進する機能として二〇一五年に設置した部署が「ソーシャルグッド事業部」です。部内には「ローカルグッド担当」と「スペースグッド担当」があり、「くらしの良品研究所」と連携しながら土着化を推進する機関車としての役割を果たし、ホテル事業や公共のデザイン、空き家対策や道の駅の活性化など、様々な活動を通じて店舗の土着化のサポート役を担っています。

世界はどこもローカルです。ローカルとは、田舎だけを指す言葉ではありません。池袋も有楽町も、ロンドンもパリも、どこもローカルです。そのローカルを成り立たせているのは、人と人との関係です。池袋にはどんな人が住んでいて、どんな人が働いていて、どんな人が買い物にきていて、そういった人と人との関係が、ローカルをかたちづくっています。

土着化の活動には初めてのことも多く、当然リスクもあります。ですから三つだけルールをつくり全員へ周知徹底をしています。

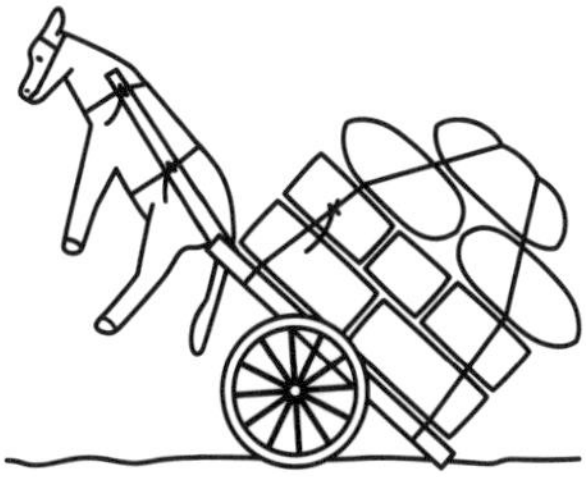

1人だけに
負荷をかけすぎない!

だからといって必要以上に
人を増やさない!

悩んだり困ったら、
手遅れになる前に相談を!

思想から拡がる様々な活動

無印良品がプロ野球のチームをつくったらどのようなチームができるのでしょうか？

無印良品が自動運転の自動車をつくったらどのような車ができるのでしょうか？

無印良品が保育園をつくったら？

シェアハウスをつくったら？

旅行会社だったら？

地元のスーパーマーケットをつくったら？

こんな妄想をすると、なんとなく「こんな感じかなぁ」とか、「でも絶対こういうことはやらないだろうな」といったイメージが頭の中に浮かぶのではないでしょうか。これが無印良品に内包されている思想の力なのだと思います。ですから「無印良品」は、印やマークではないことがわかります。かといって、「無印良品とは何か？」という問いへの答えは簡単ではありません。むしろ「無印良品ではないものは何か？」と考えたほうが、答えは導きやすいと思います。

鴨川里山トラスト

二〇一三年二月に千葉県鴨川市の棚田の関係者から「高齢化と後継者不在のため、このままでは棚田が消えてしまう。助けてもらえませんか」というメールをいただきました。それをきっかけに、二〇一四年から応援を始めました。「鴨川里山トラスト」です。

くらしの良品研究所とローカルグッド担当のメンバーが中心となって活動しています。東京近郊にお住まいの無印良品のお客様にウェブでお声かけし、田植えや草取り、稲刈り、収穫祭や注連縄《しめなわ》づくりに参加いただいています。小さいお子さんをお連れになる家族の参加も多く、普段は子どもの声がしない静かな里山には虫や蛙を見つけた子どもたちの「キャー、つかまえたーっ」といった甲高い騒ぎ声が響きます。都会から参加される方々も、この日を楽しみに受け入れの準備をしてくれた地元の集落のおじいちゃん、おばあちゃんもみんなが笑顔です。五年目を迎えた二〇一八年は毎月イベントを開催します。

この「鴨川里山トラスト」から始まった私たちの活動は様々な分野へと拡がっています。「無印良品の小屋」や建築家の塚本由晴さんとデザインした「棚田オフィス」がそれです。「棚田オフィス」は住まいの「新しい常識」を発信するエキシビション「HOUSE VISION2」で発表後、実際に棚田のてっぺんに設置しました。弊社ではその「棚田オフィス」へ社員1名を人事異動しました。今年は棚田での農作業の後に入れる「お風呂」も完成する予定です。他にも、棚田オフィスへ移動した社員が中心となり地域と交流しながら「日本酒」という名前の「日本酒」を商品開発しました。地域の自治体との連携から、廃校となった小学校のコンバージョンを支援し、その中の一校の校庭に無印良品の小屋付き菜園を設置しました。耕作放棄地を再利用するための農業法人設立を企画したり、赤字の続く道の駅を立て直すために良品計画が「里のMUJI」という名称で改装したりしています。一つの取り組みから次々にモノやコトが拡がり、人と人のその力、様々なスキルを持った人が集まった企業の力を実感しています。

無印良品の思想から拡がる商品や店舗、活動が互いに相乗効果を発揮し好循環する世界が拓けてきたと感じます。「役に立つ」を合言葉に働く私たちが、次から次へと新しいことにチャレンジするのは大変です。都度、勉強を重ね、いろいろな方々に助けていただくことの連続ですが、チャレンジする度に思想に立ち返り、コンセプトをつくり、実行することで、私たち自らの著しい成長を実感でき、自信につながります。

チャレンジを繰り返すと、無印良品としてソリューションする手法や思考の方程式のようなものが摑めるようになります。そうなると、野球チームでも保育園でも老人ホームでもシェアハウスでも、同じようにつくれます。

MUJI HOTEL　～初めて見る普通～

二〇一八年一月、中国深圳に最初のMUJI HOTELがオープンしました。

無印良品のホテルをつくるという発想は三〇年程前からあり、堤清二さんにも指示を出されていました。やっとできました。

実は深圳の前にも、スペインや京都の古い建物を再利用するホテルプロジェクトがありましたが、いくつかの事情で進まず、新築の深圳が1号店となりました。今後は北京、銀座へと続いていきます。

私たちはホテルの二極化現象を感じていました。五つ星といったラグジュアリーブランドのホテルと、安さを目的としたホテルに分かれ、〝ちょうどいい〟ホテルが空白になっているのです。この〝ちょうどいい〟空白は、恐らくホテルを経営する側からすると中途半端でビジネスになりにくいことで生まれたのでしょう。しかし、泊まる立場にとっては魅力的です。「MUJI HOTEL」だったら〝ちょうどいい〟が伝わりやすくなります。「MUJI HOTEL」のコンセプトは〝アンチゴージャス、アンチチープ〟です。主な特徴は三つです。

①お客様をクラス分けせず、旅の目的に寄り添うホテルであること
②簡素ですが良質でクリエイティブな空間やサービスが感じ良いホテルであること
③地域に開き、地域と世界がつながる事場（コトバ）を有したホテルであること

担当するスタッフには「初めて見る普通」をデザインしてください、とお願いしています。私たちがホテルをプランニングするメリットは、空間デザインと施工において、世界の無印良品の内装で使用する素材や施工を共有できることです。初期投資を軽くできます。また、ネット上に多数あるホテル紹介サイトを使用しなくても集客が可能なため、余計な手数料がかかりません。ホテル内で使用する備品類も当然無印良品ですので、お客様にはベッドやシーツ、歯ブラシやお茶など、無印良品の商品をお試しいただくことができます。同時にホテルは、商品の業務用としての耐久性や使用感の変化を把握する、開発や改良の場にもなります。

さらに拡がる「役に立つ」取り組み　～修行の場～

「MUJI HOTEL」での良品計画の仕事は、ホテル事業ではなくプランニングです。ホテルのディベロップメントやオペレーションは別に行う事業主がいて、私たちはプランニング、投資計画、損益計算、集客、オペレーションのレベルチェックなどを行います。信頼できるパートナーとだけのビジネスであり、それによる身軽さから、廃校のホテル化や空き家の宿泊施設化、さびれた湯治場の魅力化など、様々な展開が可能になります。

そのようなスタンスで私たちがプランニングをする仕事はどんどん拡がっています。たとえば、高齢化や空室が課題になっている団地の再生。地方の商業施設やシャッター商店街の再活性化。老人ホームの労働環境と空間のデザイン。自治体が運営する赤字のキャンプ場のお手伝い。ショッピングセンターなどの共有部のコンセプトづくりや家具のデザイン。

日本各地の良い品を発掘する「諸国良品」。洗濯機の上部やトイレの上のスペースをすっきりと有効活用する安価な「棚取り付けサービス」。ティーポットの蓋だけでも販売する「MUJI SUPPORT」や成長して使用しなくなった子ども服を必要な人に差し上げる「おさがりの日」など、店舗の内外での取り組みが現場のアイデアや実行力で拡がっています。働くスタッフも販売員ではなく、相談員と言っていただけることを目指します。店舗運営や周辺の活動はまだ始まったばかりですが、世界で実践していけるように「無印良品を探求し、時代の要請の中で具現化する個人と組織の『良心とクリエイティブ』の力」を育んでいきたいと思います。

二〇〇五年頃、堤清二さんはある記者に「セゾングループを育て上げ、八〇年代のセゾン文化を含め数々のイノベーションを起こしてこられました」と言われ、「とんでもない。イノベーションどころではなくて、本当にいつも、瀬戸際で生き残るために必死にやってきただけです」と、おっしゃっていました。さらに「いいことは続かない。現状に安住すれば、その企業は必ずダメになります。経営を持続させるのは、組織としての永久革命です。社長がおれの任期はあと何年、と考えていても困るし、かといって永久社長だと必ず腐敗する。だから組織としての永久革命です」と続けて答えていらっしゃいました。

私たちは堤さんがつくられた二〇〇社あまりの会社がどうなったのかをよく知って

います。セゾングループがなぜ消えてしまったのかをよく知っています。多角化という戦略はたくさんの会社をつくり、とりあえず社長という肩書きの人間を置き、その社長たちみんなが堤さんを向き、大切な現場に入り込まず、大企業といった驕りの中で下を向かず、上向きの企業風土に。結果この評論家集団には思想も実行力も団結力も失われてしまった。ですから、私たちの様々な活動は思想を探求し、具現化するための個人と組織の力を鍛え、「役に立てる」力を育てることで「本業力」を鍛えているのです。

無印良品のプロ野球チーム（縁もゆかりも無かったデザイナーの妄想）

あるデザイナーが昔、こんなことを書いていました。

《（前略）無印良品がプロ野球チームを持つというのはどうか。いわゆるスター選手ではなくて、割れしいたけみたいに地味だけど実力は確実にある選手ばかりを集める。ホームランを派手に打たないかわりに味のあるヒットを量産するバッターや、球は遅いが投球術で打者を手玉にとる四十過ぎのピッチャー、効率いい動きをする熟練の内野手などを集めて見巧者をうならせる野球を展開するのだ。

その場合、監督はやはり勘ではなく論理で指揮をするタイプがいい。プレーは一見地味だが戦術の切れ味は派手なのだ。

　もちろん、これは有名選手ばかりを集めた一流ブランドのチームを否定するという短絡的な発想ではない。そういうチームはさらにもっともっと戦力を強化して、嫌われるくらいに強くならなくてはいけない。そういうチームを芸術的に負かす醍醐味《だいごみ》を巧みにプロデュースしていく視点こそ、プロ野球全体の経営センスに必要なのである。

　無印良品というブランドのユニークな点は強力な一流ブランドの理不尽なほどの君臨が存在の前提にあること。君臨するメジャーブランドを鋭く合理的なコンセプトでうち負かす。そんな野球チームができたらそのユニホームなど、ぜひデザインしてみたいものだが。》

出典『日本経済新聞』　※カッコ内は編集部

　これは、二〇〇一年二月三日に日本経済新聞夕刊に掲載されたエッセーです。書いたのは、私たち無印良品のアドバイザリーボードメンバーになられる以前の原研哉さんです（流石です）。

MUJIが生まれる言葉 52

「バカヤロー」俺たち

社内でも家の中でも、どうやら品の無い言葉をついつい使ってしまっていますが、私の情報源なんてたかが知れています。ただし、私は街を歩いていても、テレビを見ていても、ご飯を食べていても、電車に乗っていても、どんなことでも気になってしまうことは、気になってしまいます。新聞は毎日二紙、朝夕刊すべてに目を通し、気になる記事はビリビリと破って残しておき、移動中や空いた時間にじっくりと読みます。さらに詳しく知りたいときにはネットで調べたり、本を買って読んだりします。

注目する記事は、一人の人間として腹が立ったり、情けなくなってしまったりするものです。そこには人間の身勝手な考え方や行為があります。国と国との争いや奪い合い、政治や政治家のこと、企業の不正や過剰な市場競争、メディアの報道姿勢などです。そういった人間としての振る舞いに対し、いつも「バカヤロー、俺たち人間」と思い、たまに皆の前で声に出してしまうこともあります。しかし、いつでもものづくりや活動の発想や原動力となるのは、これらの違和感です。

原動力にはもう一つあります。それは、記事にある社会としての課題です。地域のこともあれば、人口や高齢化のこと、産業構造のこともあります。たとえば、日本の第一次産業は、後継者不足や安価な輸入品の増加、技術の浸透の遅さなどのために、大変危機的な状況です。

農業・漁業・林業・畜産など第一次産業はとても大切な産業だと私は思います。私たちは汗を流して働くことを軽視し、デスクでパソコンに向かっているほうが良い仕事であるかのように間違った認識でこの何十年間を過ごしてしまったと感じています。

稲作をする地域では、江戸時代から連綿と続いてきた農家と村人との共同体、用水路を共同でメンテナンスする仕組み、地域の祭り、冠婚葬祭をはじめとする仕来りや、「お互い様です」「お陰様で」「もったいない」といった大切な精神文化までもが、産業構造の置き換えや、便利さ、豊かさなどと引き換えに失われてきてしまっています。この先のＡＩ時代にはどうなってしまうのでしょう。

近々、小学校では英語やコンピューターのプログラミングが必須科目になるそうです。それも必要だと思います。しかし米をつくったり、野菜を育てたり、山に入って食べられるもの、食べられないものを見分けることなども、大切な教育だと思います。

世界の人口は今世紀も増え続け一〇〇億人に向かっています。世界の食生活もグローバル化し、「このステーキは美味しい」「このマグロのトロは旨い」「このワインは最高だ！」と、かつて日本がそうだったように、世界のいたるところで食生活が変化していきます。そう変貌した世界で、自分たちで食糧を獲れない、つくれない日本人である私たちの食べ物がなくなったとき、いったいどこの国が食糧を輸出してくれるのでしょうか？

子どもたちには生き物である人間として生き抜く力や知恵が必要だと思うのです。

一方で、日本は実に恵まれています。四方を海に囲まれ、ほとんどの地域が温帯に属し、四季があり、雨が多く良い水に恵まれています。野菜は季節ごとに多種多様な品種が育てられ、世界のどの地域にも負けない良木が育ち、海には季節ごとに豊かな魚介類が生息しています。この何十年かの急速な近代化の裏側でこのような自然の豊かさ、恵みを私たち社会は忘れてしまっていないでしょうか。

無印良品は小さな力ではありますが、できるだけ積極的に全国の生産者の皆さんと生活者の皆さんと交流し、さながら市場のような売場を設けることで、感じ良いくらしや社会に役に立てるよう、努力を重ねていきたいと思います。

簡単ではない大きな課題の話をしましたが、私たちの日常生活における実に小さな実践の積み重ねこそが解決への道だと考えています。「生活が美しくなれば、社会は良くなる」のです。

くり返し原点、くり返し未来。

二〇〇九年一一月、社内に「くらしの良品研究所」を設立しました。これは、生活者の皆さんとのコラボレーションを前提として、商品を育てる機能を持ったラボラトリーです。所長である小池一子さんから「つり革に手を掛け、電車に揺られているときに良い言葉が降りてきたのよ。『くり返し原点、くり返し未来。』。くらしの良品研究所のキャッチフレーズとしてどう?」と言われ、すぐに賛同しました。

本書では堤清二さん、田中一光さん、杉本貴志さん、小池一子さん、原研哉さん、深澤直人さん、須藤玲子さんらの言葉や思考と共に無印良品の生まれた背景から、無印良品を探究し続けるときに振り返りたい言葉を記してみました。無印良品のアドバイザリーボードという仕組みの中で、麹谷宏さん、天野勝さんにも無印良品を育てていただきました。多くの先輩方が悩み、考え、楽しみながら積み上げてはくずし、また積み上げてはくずし、を繰り返してきた堆積物が今の無印良品です。「無印良品のことを考えると楽しくて夜も眠れなくなっちゃうんだよ」とは田中一光さんの言葉ですが、今日まで無印良品が続いてきた理由はただ一つ、答えのない問いの解を正直に探り当てようと努めた人々と、常に評価をくださったお客様との関係性の賜物だと思います。

よく「無印良品はブランドになった」というお客様の声も多くいただきますが、そのニュアンスには「立派なブランドに育ってよかったね」もあれば、「いつの間にか大きくなってブランドになってしまった」というニュアンスもあります。

何より私たちが、印に頼らない商品開発や販売を心がけることは大切ですが、「無印良品」の考え方に多くの好感や共感をいただける会社になりたいと思います。

正直に生活者視点の良心とクリエイティブの力を高め、「感じ良いくらし」と「感じ良い社会」に役立てるよう「くり返し原点、くり返し未来。」を合言葉に、楽しい仕事を全員で悩み続けながら、「そうだよね！」と共感される「無印良品」を育てていきたいと思います。

あとがきに代えて

あとがきに代えて、無印良品について考えるときに参考になった言葉や、無印良品にいただいて励まされた言葉をご紹介して結びたいと思います。出典の明記のないものは、直接うかがったお話や、私のメモに残っているものです。

茶とは本来、質素が豪華に引けめを感じることなく、貧しさのなかに秘めた知性なり感性なりが誇りとなりうる世界なのである。そうした精神文化を世界に発信し、別の価値体系を確立できれば、それほど多くの資源を使うことなく、自ら美意識を誇ることができる。

『デザインの前後左右』（白水社）より

無印良品は、商いを通すことで、人々が喜び、そして美を伝播することができる。

テレビ番組内で小池一子さんが田中一光さんの言葉として発言

無印良品は、どこか破綻があっても個性を持っているほうがいい。

メモより

田中　一光

無印良品のような倫理的な哲学から生まれた商品は、その品質が歪められるまでのローコストを追求してはならない。

いただいたお手紙より

エンツォ・マーリ

「栗の木プロジェクト」これは私とMUJIの契約だ。「あるおじいさんが栗の木を植えた、数十年後にその栗の木は大木となり、孫たちや、またその子供たちがその木の木陰で本を読んだり、お話をしたり、楽しくくつろいでいたとさ。『栗の木』は人間の誠実さと知性と教養からつくりだされた普遍的なプロダクトであり、デザインである。そしてそれらは当時の過剰な消費や、お金ばかりを優先する社会へのアンチテーゼでもあった。そんなデザインやデザイナーのスピリットを後世に残さなくてはならない。生きたまま、その背景や考え方と共に、人間とは何か？　デザインとは何か？　それを伝え残す必要がある。その契約を私とMUJIの金井との間で今日、固く交わした」。

交わした会話から

エンツォ・マーリ

卑俗でアグレッシブで安さが一番というのが一般的な大衆日用品を扱う分野において、無印良品は非常に貴重な、珍しいブランドです。その商品思想は、過剰な消費社会への批評を内包し、簡素という日本古来の美意識と、さまざまな事への配慮や慎ましさを持ちながら日常生活をより快適に整える視点や意味の無い装飾を省いた納得できる低価格を正直な情報のもと提供することを目指しています。

店舗は自然素材の中に簡素に解り易く商品が配置され居心地の良い空間と、親しみ易い純粋な明るさがあり商品思想を十分に感じることができます。余分な色を排除し、素材色を基調とした世界からは、スパゲティーさえも色彩であり、装飾の一要素となります。

より良い生活を追求するという人類の普遍的な営みが日常の小さなモノやコトでもたらされることの確信性を、その根底に据えているということで無印良品には、日本的で繊細なアイロニーが含まれています。

無印良品が織部賞をいただいた際（二〇〇三年）の選評コメント

アンドレア・ブランジ

本当の美は生まれるもので、つくり出すものではない。
本当のデザインは流行と戦うところにあるのだ。

『柳宗理　エッセイ』（平凡社）より個人的に感銘を受けた言葉

柳　宗理

アンチハーモニーこそほんとうの調和

『月刊みんぱく』（一九七八年七月号）より

岡本　太郎

みにくいものの美しさというものがある。グロテスクなもの、恐ろしいもの、不快なもの、いやったらしいものに、ぞっとする美しさというものがあります。

『今日の芸術』（光文社知恵の森文庫）より

岡本　太郎

まあ、ものというのはあくまで記号なわけですけど、しかし、あんまり記号過剰になると、たまには整理して、単純素朴なとこへ戻りたくなるわけね。それが「無印良品」ということなんでしょうが、だからといって記号から脱出したわけじゃなく、記号の氾濫を通り抜けたところに見出された、ひとまわり上の素朴な記号、ということでしょうかね。

『感性時代　西友のクリエイティブワーク』（リブロポート）より

伊丹　十三

真理はあいまいな中にある。
この世に酒も煙草も無かったら小説も文学も生まれなかった。

会話の中で
黒崎　輝男

無い頭をしぼって一生懸命正しく作って市場に問う。商品開発は楽しい仕事だ。

会話の中で
中田　哲夫

デザインを介して、商品と社会の信頼関係を築き上げた実績、新たな心地よい暮らしの基準をつくり上げた功績、広くデザインの本来的な役割を世の中に知らしめた成果を高く評価したい。

無印良品が毎日デザイン賞（二〇一四年）特別賞をいただいた際の選評
内藤　廣

ローカルとは「地方」ではなく「自分と周囲の人々との関係性や結び付き」である。

良品計画でお話しいただいたときに

内山　節

企業が本気を出せば社会を変えられる！

良品計画でお話しいただいたときに

若杉　浩一

良いデザインをしたいのなら、良い事業を行わなければならない。何をするにもお金は必要だ。良いデザインは良い事業あっての行為なのだ。

良品計画社員が話した際に

エンツォ・マーリ

我々人間は本来一人一人「印」のない個人として生まれてくる。しかし社会は生まれた瞬間に、人種、家柄、男・女、出身地などの烙印を押してしまう。本来会社には無用の「印」だ。

メモより

社員は人間であり単なる「人材」ではない。

会話の中で

堤　清二

店長さんたちはお元気ですか？　店長さんたちが元気ならば無印良品は大丈夫です。

二〇〇一年、無印良品が危機的な時にいただいた言葉

田中　一光

販売なくして事業なし

会話の中で

木内　政雄

あとがき

「総意」

深澤直人

良品計画の金井政明会長の還暦の贈り物を何にしようかと思案している時に思いついたのが、彼の言葉集を本にしたらどうかというものだった。今までに彼がさりげなく社員に向けて放った数々の言葉がMUJIを動かしてきたのは明白だったからだ。それを改めてみんなで思い返すのも悪くないなと思った。

彼の言葉はときにぶっきらぼうで分かりづらいが故に、その言葉をかけられたほうはその背後にある意味を正確に捉えようと色々と考え込むのは常だったようだ。本の見開きの右ページに縦書きでその放たれた短い言葉を記し、左ページにその言葉を受け止めた社員の模索の跡を記すのがいいと思った。即座にタイトルも思いついた。「Mr.

MUJI　金井語録」。帯の文章は「この男の存在なくしてMUJIは語れない。『感じ良いくらし』に必要不可欠な基盤を作った男がさらっと言った言葉集」というものだった。

この言葉集は社外に向けてこのまま出版されることはないだろうということは薄々予想していたし、仮に金井さんが出版したいと言い出したとしても「Mr. MUJI」というタイトルをつけることは許さないだろうと思っていた。それはMUJIは誰のものでもなくみんなのものだという観念があったからで、「誰々が作ったもの」とかいう、ラベルやブランド（印）を外してしまおうという気持ちで始まった活動の結果が今のMUJIを成してきたわけだから、当然「Mr. MUJI」というタイトルはおこがましいということになる。

ただ私も良品計画の社員も皆金井さんのことを「Mr. MUJI」と呼んでもおかしくないという気持ちはあったと思う。事実、金井さん自身も「俺以上に、『MUJIとはどういうものなんだ？　MUJIとしてしなければならないことはなんなんだ？』と考え続けられる奴が他にいるかなあ……」と言いたい気持ちはいつもあったと思う。

そんな彼のMUJIに対する姿勢に影響されてか、社員や私たちのようなMUJIに関わる者全員が常に「MUJIとは何だろう」と考えることがあたりまえのようになった。それは結局「人のために何ができるだろう」というような姿勢となり、常にそこから発想する集団が出来上がったのだ。他に類を見ない穏やかに統率された創造集団が自然に出来上がっていったのだ。MUJI的思考で人のことを考え、「感じ良いくらし」を考えることが癖にすらなっていったのだ。これは大きな企業価値となったし、社会的価値となった。そしていつしか人、つまりユーザーやお客様もMUJIのことを考えるようになっていった。

MUJIにとっての特別な価値とは、お客様やMUJIファンがMUJIに対して厳しいということではないかと私は常日頃思っている。人はMUJIの考えに賛同し共感する一方で、「それでいいのか！」という厳しい目でいつもMUJIを見ているということではないだろうか。これ以上の企業価値があるだろうか。みんなが自分の事のようにMUJIのことを考える姿勢が広がりを持って「感じ良いくらし」を考えるプラットフォームになっていったのである。

MUJIとは「総意」だと思う。みんなが「そうだね」と思えることを探しているのだ。

だが金井さんはまたぽつっと言う。「売れたからいいってみんな思っちゃうんだよね」と。たくさん売れたということがイコールみんなの総意を得たと簡単に思っててはいけないと警鐘を鳴らす。常に疑問を投げかける。「正しいか」と。

総意というプラットフォームはいいことだけを生むわけではない。むしろ人がひっかかっていること、違和感の方が露呈しやすいし見えやすい。よくするということは違和感を取り除くことで、それが取り除かれたらその存在は見えなくなる。それが無になっていくということで、無印の「印」がみんなが感じていた違和感だったのである。

金井さんは私たちが右というと「左じゃねーのか」という。白というと「黒じゃねーのか」という。一見あまのじゃくに思えるこのやり取りこそがMUJIがブレのない中心軸を探し出す鍵になっている。揺れを作ってその揺れの中心を探す。これは彼自身の自問自答でもあるし、みんなに投げかけた言葉こそが最適解を見出そうとする行為なのである。

株式会社良品計画（りょうひんけいかく）

「無印良品」の企画開発・製造から流通・販売までを行う製造小売業として、衣料品から家庭用品、食品など日常生活全般にわたる商品群を展開する。

金井政明（かないまさあき）

株式会社良品計画 代表取締役会長。
1957年生まれ、長野県出身。76年、西友ストアー長野（現・西友）に入社後、93年に良品計画に転籍。生活雑貨部長として長年にわたって売上げの柱となる生活雑貨を牽引し、良品計画の成長を支える。以降、常務、専務などを歴任した後、2008年、代表取締役社長に就任し、良品計画グループ全体の企業価値向上に取り組む。15年より現職。

MUJIが生まれる「思考」と「言葉」

2018年７月20日　初版発行
2024年９月10日　５版発行

著者／株式会社良品計画

発行者／山下　直久

発行／株式会社KADOKAWA
〒102-8177　東京都千代田区富士見2-13-3
電話　0570-002-301（ナビダイヤル）

印刷所／株式会社暁印刷

製本所／本間製本株式会社

●お問い合わせ
https://www.kadokawa.co.jp/（「お問い合わせ」へお進みください）
※内容によっては、お答えできない場合があります。
※サポートは日本国内のみとさせていただきます。
※Japanese text only

定価はカバーに表示してあります。

ISBN 978-4-04-602269-1　C0030